[日] 加来耕三 著
吕卫清 译

胆识

日本财阀初创记

人民东方出版传媒
东方出版社
The Oriental Press

作者简介

[日] 加来耕三

历史学家、作家。1958年出生于大阪,毕业于奈良大学文学院,曾任奈良大学文学院研究员,目前在大学和企业担任特聘讲师,同时任《历史研究》编委、内外形势调查会特聘讲师、政经恳谈会特聘讲师。著作主要有《幕末维新的师徒学》《立花宗茂》《"气"的用法》《历史失败学》等。

前　言

失败（阴差阳错、马失前蹄）是人人避之唯恐不及的。非常抱歉，开头就上来一段粗俗的故事。1040年6月15日，藤原义忠在庄严肃穆的宫中扑哧放了一个屁。义忠未能放屁按腚（比喻做了错事试图蒙混过关），因而受罚流放孤岛（是否真的执行了流放，则不得而知）。放屁是一种生理现象，他是没忍住才放的吧。第二年10月，义忠在游览吉野川的途中翻船溺亡，享年不详。其晚年之悲惨实在令人扼腕叹息。

历史上还有这样一个人，同样是放屁，不但没有受罚，反而因祸得福。他就是一代枭雄丰臣秀吉的谋士曾吕利新左卫门（又名杉本新左卫门、杉本甚兵卫、坂内宗拾，据说是堺①的刀鞘匠）。一天，参见秀吉时，新左卫门不识时务地放了一个屁。恼怒的秀吉用手中的笏板

---

① 译者注：日本大阪的一处地名。

在他脑袋上打出了两个鼓包。说时迟那时快，只见他即兴吟道："一声屁响得两国，头播磨呀腚备中。"要知道，他面对的是秀吉。新左卫门的急中生智令秀吉微微一笑，龙颜大悦。于是，秀吉给他增加了播磨国（现兵库县西南部），如此一来加上备中国（现冈山县西部），他的俸禄合计为2000石。

义忠和曾吕利也许都曾经流下过悲喜交加的泪水。那么，人的一生会哭泣多少次呢？人的平均寿命大约为72岁（WHO的调查结果，2020年版），假设每月至少哭一次（据说，有项研究发现全世界男性平均每月哭1次，女性2.7次），那么，人的一生至少会哭864次。

不过，这是因为喜怒哀乐这些情绪上的波动而产生的眼泪。我们上眼睑内侧的角落里有一个流眼泪的部位，被称为泪腺。每当我们眨眼时，泪腺就会分泌出一些泪水。它们和失败时流下的悔恨之泪以及成功时流下的喜悦之泪同样都是生理现象。

眼睑平均每6秒自动睁开或闭合一次，如果以每天活动16小时计算，每年大约350万次，72年大约就是2.52亿次。

如果是喜极而泣，则哭多少次都无妨，麻烦的是悲伤的眼泪流成河。任何人在做事之前都不会一开始就盼望着失败，都会奋力拼搏，然而失败还是会不请自来。古话说："弘法大师（空海）也有笔误①。"被誉为"天下三支笔"之一的空海虽然是一位书法大师，博学广识，但是有时也会马失前蹄。据说，这句古话源于史实。《今昔物语集》第11卷第9篇故事记载："应天门的匾额钉上去之后，看到第一个字上面的那个点儿不见了。"

应天门是平安京中央机关办公地皇宫内朝堂院的南门，据说空海把其匾额"应"字上面的那一点写漏了。当然，应天门既然是都城的正门，那个字就应该是比较复杂的旧体字"應"，所以很难写。

不知道空海事后是否后悔不已，备受煎熬，因而潸然泪下。这个故事告诉我们，无论多么出类拔萃的人都难免遭遇失败。也就是说，人难免遇到突如其来的危机、远超预期的困难，可能陷入避之不及的险境。这时

---

① 译者注：即"智者千虑必有一失"之意。

候，我们只有一个办法才能活下去：小心谨慎，千方百计地避免出现更大的失败，勇敢面对危机或失败，想方设法攻坚克难。

民间有个传说，讲的是纳豆是失败的产物。后三年战役（1083—1087年）中，八幡太郎义家（清河源氏分支河内源氏的第三代）为了讨伐奥州的安倍贞任于平泉一带（现岩手县西磐井郡平泉町）布阵。饿着肚子打不了仗，于是他们从附近找来一些大豆煮了起来，恰在这时遭到了敌人的袭击。

义家意识到情况不妙，但是根本来不及准备迎战。无计可施的他只好弃阵而逃，然而他舍不得刚煮的大豆，于是逃跑时把大豆塞进稻草包里让马驮在背上。彻底甩脱了追兵之后，他拿出大豆，发现它们已经变成了"纳豆"。后来，关西地区流传着"这种臭了的大豆连马都不吃，倒是被饥肠辘辘的源氏吃了"的说法，也就是说，这种东西难以下咽。当然这并不是真事。

这件事虽然与纳豆的起源无关，但是"失败乃成功之母"（失败之后，会更加专注、更加小心谨慎，从而为成功奠定基础）是颠扑不破的真理。

当然，在现实的危机管理中，人们很难做出"失败乃成功之母"的判断，而是毫不留情地将失败视为消极的。如今，人们愈加失去了对失败的宽容之心。像应试教育一样，现代社会教的只是如何在最短的时间内找到规定性问题的"解法"。智能手机普及之后，这种只重视成功案例的学习越来越大行其道。模仿成功案例在经济高速发展时期也许是一条走向成功的捷径，具有一定的意义。那曾经是一个谁能快速找到规定性问题的"解法"，谁就是胜利者的时代。用这种方式，做错了或者失败了的人会被烙上"没用的家伙"的烙印。一旦被打上这个抹不掉的叉号，就很难翻身了。

实际上，以往这种失败了就烙上"没用的家伙"的想法和模仿成功案例的解题方法，随着泡沫经济的破灭及次贷危机的爆发不再通行无阻了。这是因为在如今，以往的成功案例已经失去了"法力"。现在需要的是能够突破危机的创造力，是亲手描绘出一幅向未知世界进发的航海图。创造新事物时，失败是不可避免的，危机管理、变被动为主动从而走向成功是我们必须面对的课题。

本书分析了19世纪中叶一边反抗欧美列强的殖民地

化政策,一边力争跻身于近代国家之林的那群人是如何摆脱困境、扭转逆境的,如何开创或继承了那些影响深远的企业的。分析的重点在于他们的分歧点(不同点)。

历史学中有一个重要的主题——企业家史(entrepreneurial history)。借用经济学家约瑟夫·熊彼特的理论来说的话,创新或者创造性破坏是以下面的五大法则作为支撑的:

1. 生产新产品
2. 采用新的生产方法
3. 开辟新的市场
4. 获得原材料或半制成品的新的供应源
5. 实现新的组织

在创新过程中,肯定会遇到失败。可以说,创业就是一场与纷至沓来的失败展开的博弈。无一例外,称得上创业者、企业家的人都是能将失败这一不利局面转变为有利契机之人。失败的对立面并不是成功,而是无所事事、无动于衷。实际上,成功就在失败的延长线上。不过,只有战胜失败才能取得成功。英国首相丘吉尔说:"成功就是从失败到失败,也依然不改热情。"普希金在《大厨的女儿》中写道:"失败之前无所谓高手,在失败面前,谁都是凡人。"精神科医生齐藤茂太说:"没有失败的人生就是失败的人生。"

很多人在采取实际行动之前都想把"今后"想得清清楚楚,然而历史学中没有任何未来是可以用个人的头脑估计出来的,不去做,就看不到未来。夏目漱石在《明暗》中写道:"没有脚踏实地地经受过锤炼的人和笨蛋是一样的。"在哪里跌倒就在哪里爬起来,不断舍身拼搏的人奇迹般地取得了成功,这就是本书所收集的历史评传性案例研究。

历史不容假设,与其后悔当时优柔寡断,不如扪心自问失败之后自己做了些什么,是怎样做的。对于人生而言,这才是重要的。大事面前当断不断、拖拖拉拉,只会一事无成。为了让有限的人生变得灿烂辉煌,我们总是在努力做出最完美的决定,但如果被失败拖住了后腿,则需要用很长的时间才能抵达成功的彼岸。犹太人有一句格言:"哪怕问十次,也比犹豫不决强。"

向前人的失败、危机管理学习,以免重蹈覆辙,防患于未然无疑是非常重要的。本书共介绍了11位创业者及守成者。有些读者可能不明白在数字化转型的现代社会向老一辈企业家们学习有什么意义。然而，历史周而复始循环往复，是因为人类赖以生存的原理及原则是亘古不变的。数字化转型只是数字与现实的融合，只要有生命的人还是根本所在，则不论过去、现在还是未来，失败的本质是不会变的。变化的是，从前我们追求的是物质上的富裕，而今后的目标是安全与幸福，重心发生了重大转移。今后，商业将进一步大幅增长，其密钥也许就在于此。

这些为"产业立国"奠定了基础的企业家们殚精竭虑，也曾失败过或碰到过突如其来的困难。如果通过阅读本书，各位读者能够设身处地思考，并从他们身上学到危机突破力和克服危机的方法以及扭转困境的手腕儿，将是我莫大的荣幸。

最后，在此向不辞辛劳担任编辑工作的日经BP的田中淳一郎先生表示衷心的感谢。

加来耕三

2021年新春写于东京练马羽泽

目　录

第一章 | 胆力 ········· **001**

涩泽荣一 ········· **003**
因变消极思维为积极思维终成"日本资本主义之父"

对封建制度义愤填膺 ········· 003
自蹈"死地" ········· 007
出人意料的转变 ········· 009
在巴黎确定人生方向 ········· 012
《论语》与算盘 ········· 016
现在更要向涩泽荣一学习 ········· 020

安田善次郎 ········· **024**
坚持稳健经营

失败后如何权衡得失 ········· 024

与其当潦倒的武士，不如从商 …………………… 027
是绝境，也是机会 …………………………………… 030
随政府的动向而动的策略 …………………………… 034
走向成为"银行大王"之路 ………………………… 038
自称"勤俭堂力行道人" …………………………… 041
德荫后世的善次郎 …………………………………… 045

浅野总一郎 …………………………………… **048**
思维方式 180 度大转弯的日本水泥大王

活成了窝囊废的边际人 ……………………………… 048
谋求东山再起 ………………………………………… 052
变废为宝的生意 ……………………………………… 055
与公共厕所、煤焦油及涩泽荣一结缘 …………… 059
与水泥的不解之缘 …………………………………… 062
成为水泥大王 ………………………………………… 065
安田善次郎帮了大忙 ………………………………… 067
造船与海运之梦 ……………………………………… 071
"九倒十起"的人生 ………………………………… 073

古河市兵卫 · **077**
不学无术且冥顽愚钝，因抓住时机改变命运

　应该隐瞒 · 077

　因小野组外迁案变得身无分文 · · · · · · · · · · · · 080

　老实人前半生悟出的道理 · · · · · · · · · · · · · · · · 084

　运钝根的修行 · 087

　离开小野组另立门户 · 092

　经营上横冲直撞 · 095

　晚年的荣光、挫折及重生 · · · · · · · · · · · · · · · · 098

第二章 | 危机管理力 · · · · · · · · · · · · · · · · · · · **103**

三野村利左卫门 · **105**
善于收揽人心，重振三井雄风

　危机突如其来 · 105

　在扑朔迷离的前半生掌握的生存法则 · · · · · · · 108

　小栗忠顺的过人之处 · 111

　"短命二朱"与欧美列强的不义 · · · · · · · · · · · 115

"车到山前必有路"的想法误国误民 ………… 118

舍身成仁的谈判 ………… 122

经商的四个阶段 ………… 126

三野村能够理解涩泽的原因 ………… 130

幕府末期诞生的商社 ………… 133

三野村被涩泽拒绝之后的下一步棋 ………… 137

广濑宰平 **142**

坚定守成,建立了明治时期的住友

突如其来的灾难 ………… 142

"非常之才"宰平入职住友家 ………… 145

卖掉别子拯救本家 ………… 148

铁面无私的住友大改革 ………… 152

伊庭贞刚 ………… **155**

深受住友全体员工敬仰,韬光养晦的将帅

服用毒药之后 ………… 155

住友的内讧与贞刚 ………… 158

为什么会出现蛰居族？ …… 162
由法官转变为商人 …… 165
一波未平一波又起 …… 169
避免分崩离析危机的秘诀 …… 173
遇到大事时要做到游刃有余 …… 177
坚定不移地信任别人 …… 179

大仓喜八郎 **183**
在生命与利益的抉择中不断取胜

转眼就成男子汉 …… 183
拿命换钱 …… 188
拼死一搏 …… 191
第一次出国考察 …… 195
不惧毁誉褒贬 …… 197

第三章 | 先见力 **201**

岩崎弥太郎 **203**
描绘未来蓝图并奋力实现梦想

令人绝望的人生起跑线 ·············· 203
　　往上爬 ······························ 206
　　屡屡碰壁的青年时代 ················ 209
　　善于学习懂得扬弃 ·················· 213
　　三菱的诞生 ························ 217

岩崎弥之助 ·························· **221**
抓住世界潮流对三菱进行重组

　　于危难之际接班 ···················· 221
　　从打击中重新站起来的方法 ·········· 224
　　反攻的胜算在于未雨绸缪 ············ 228
　　弥之助对三菱地产倾注的心血 ········ 232
　　弥之助的守成与先见力 ·············· 235

第一章

胆力

涩泽荣一
因变消极思维为积极思维终成"日本资本主义之父"

对封建制度义愤填膺

创业者在创业之前都指望着成功,没有人会在行动之前就盼望着失败吧。然而,也有人在没有十足的把握下,满怀希望地认为"车到山前必有路"就整装出发了。结果,企业陷入倒闭危机之中。

失败的原因五花八门:过分在意对手,过分依赖朋友,过分重视守而忽略了攻,或者过分专注于攻而放松了守,没有找到优秀的人才,过于挑剔,混淆了目的与手段,等等。不过,很多输在了起跑线上的失败,其原因大半在于固守自己的计划,周围都是恭维自己的意见，疏远逆耳忠言。创建了众多近代企业，并使之变为财阀①之后，自己却不"君临其上"而是竭尽全力培养新时代企业经营者的涩泽荣一曾经也是一个这样的人。

他曾经是一个企图推翻幕府的政治犯、恐怖分子。如果采取了具体行动，就不可能成为"日本资本主义之父"而受世人景仰的涩泽荣一，也就谈不上其成就的一番伟业了。当他好不容易准备放手大干一场时，朋友告诉他情况发生了变化，经过激烈争辩，他终于放弃了自己的想法，成了一名逃犯。然而，接下来的做法让他摆脱逆境走向了成功。

进入明治时期之后，涩泽提出了以"道德与经济合一"为理念的处世方法。仔细想来，可以发现这种处世方法的源头在于排除"独善"。"独善"指只要有利可图就可以为所欲为，只要能够获利就行。作为经济界的泰斗，涩泽对这种唯利是图的想法深恶痛绝。他在青年时

---

① 译者注：财阀是在同一金融寡头控制下，结合同族、近亲而形成的垄断资本集团。第二次世界大战前日本金融垄断资本集团的通称。明治维新后，日本进入资本主义发展时期。20 世纪 30 年代前形成了三井、三菱、住友、安田四大财阀，30 年代后又出现浅野、古河、大仓等一批新兴财阀。这些财阀以家族总公司为中心，形成"家族总公司—直系公司—旁系公司"的特殊持股关系。

代因"独善"而失败的教训已经深入内心。追求利润、积累资本都必须符合道义。涩泽认为，做事要光明正大。他说，在民主、合理的经营下，基于仁爱及情义开展企业活动，国家就能繁荣昌盛，国民就能获得精神上的富足。为了避免这个想法流于口号，他毕生严于律己，身体力行。他成就了一番丰功伟业，创办了第一国立银行，培育了500多个企业，为600多项社会福利事业做出了贡献。并且，他主动放弃了将这些企业变为自己的私有财产。在近代日本能有这样一位无与伦比的经济界杰出统帅实属幸运，这些都归功于他的深刻反省。

涩泽荣一于1840年2月13日出生于武藏国棒泽郡血洗岛村（现埼玉县深谷市血洗岛）的一个有钱有势的农家，是长子，其父名市郎右卫门，其母名荣。其父市郎右卫门忠厚勤俭，从事当地特产蓝玉的生产及销售，兼营养蚕业，同时还种植大米、小麦及蔬菜，是附近屈指可数的豪农，且深受乡亲们的信任，又有学问，于是被任命为村官，获得了取姓和带刀两项特权。

在生活上无忧无虑的涩泽从6岁起就跟随父亲学习当时的武士及豪农阶层普遍都懂的学问——汉文。他似乎特别好学，7岁时拜邻村的表兄尾高惇忠为师学习四书五经及《日本外史》（赖山阳著）等，还学习了剑道。可以看出，他潜心接受了当时武士的正统教育。涩泽14岁开始帮忙打理家业，如果满足现状，按部就班地度过一生，作为一个豪农家庭的继承人，可以一辈子衣食无忧。这样的话，他可能就不会在日本名垂青史了。

转机很快到来了，幕府的封建统治令他极其反感及憎恶。涩泽17岁左右的时候，有一天，他以其父的名义来到村里的代官①所。当时已经是幕府末期，幕府及各藩都面临严重的财政困难。血洗岛村的领主冈部藩1.9万多石的安部家也苦于债台高筑，于是向领地内的豪农们征收御用金。被召集来的豪农们立刻接受了上面的命令，而第一次来的涩泽却想不通。因为不愿当场给出答复，他回答说，回去转告父亲之后再来领旨。这时，代官嗤之以鼻："你这个农民家的小兔崽子！"

涩泽非常生气。正是因为以前一直无忧无虑，所以这件事给他带来的震撼愈发强烈，当然，其中也包含着

---

① 译者注：江户时代（1603—1867）管理幕府直辖地，征收租税的地方官。

血气方刚的年轻人对权力的反抗及愤怒：御用金并不是年贡，类似于强行摊派。既然如此，为什么还要那么盛气凌人地命令大家呢？实在是不讲道理！涩泽很快就将一腔怒火转向了当时的社会体制——封建制度。他计划实施武装起义，通过暴力夺取高崎城，火攻横滨。

自蹈"死地"

很多企业家与涩泽一样活跃于德川和明治两个时代，先看看他们与涩泽的不同之处，例如安田善次郎、岩崎弥太郎、浅野总一郎、大仓喜八郎，虽然他们都受到了身份制度的限制，但超越了身份制度（超越了身份），是所谓的边际人。只有涩泽荣一试图与德川幕府的身份制度展开针锋相对的斗争。

1863年是尊王攘夷运动如火如荼的一年，这一年，涩泽多方游说，企图实施攻占高崎城，火攻横滨，砍杀外国人这个史无前例的计划。他们只有60多人，涩泽当时24岁。

也许有人认为，这不过是不谙世事的少爷出于义愤想惹是生非罢了，但是，当时涩泽已经成婚，且已经结束了江户游学，是一个理智的人。1862年2月，长子市太郎出生（生后6个月夭折）；1863年8月24日，长女歌子（宇多子）呱呱落地。

虽然已经是德川政权的晚期，但我们不能忽略一个事实，那就是涩泽的轻举妄动很可能会导致涩泽家家破人亡。他在试图举兵起义之前对这一点是心知肚明的。

尊王攘夷势力最鼎盛的时期是1863年，然而，幕府势力发动了"八一八政变"，以萨摩藩和会津藩为主力的幕府军将尊王攘夷的急先锋长州藩驱逐出了京都。局势因此发生了巨变，成了幕府的天下。就在政变的前一天8月17日，尊王攘夷派的天诛组雄赳赳地从京都出发袭击了大和五条（现奈良县五条市）的代官所，然而，局势骤变，9月27日就被幕府及各藩联军歼灭。

在起义之前，他们做好了为国捐躯、舍身成仁的心理准备。涩泽后来说："我们只有区区69个同志，却试图推翻虽奄奄一息却还在对天下发号施令的德川幕府，实在是狂妄自大。然而当时的我们是胸有成竹的，不对，不是胸有成竹，而是自以为胸有成竹。"

自以为是的人即使身陷险境也不容易对付。无论行为多么鲁莽冒失，战术多么幼稚，战略如何纸上谈兵，他们只会按照计划采取行动。虽然长七郎力劝停止起义，但涩泽依然固执己见。当时幸亏有头脑冷静的尾高惇忠在场，劝他们改日再议。"命运让我们遇到灾难，同时它一定会打开一扇门，留一条出路。"这是塞万提斯《堂吉诃德》中的一句话，该书的阅读量仅次于《圣经》。它告诉我们，即使走投无路之时，也一定会有一扇门是开着的，那就是停止、撤退、后退。

出人意料的转变

事情到此为止还算好，文豪吉川英治也说："走投无路时，先停下来想一想再迈出下一步。"起义计划泄露给了当时兼任公安警察的八州取缔（幕府负责维持关东地区治安的官员），涩泽以去伊势参拜为借口逃出了家乡，怀里揣着从父亲手中接过来的100两盘缠，目的地是京都。他先进入水户，然后向江户奔去。

涩泽在江户想联络的人是游学江户时曾经见过面的

一桥家的管家平冈元四郎。1864年2月，涩泽在平冈的关照下当上了一桥家的家臣。一桥家是与德川将军家关系密切的御三卿①之一，和御三家（尾张、纪州、水户）同时具有产生"将军"的资格。涩泽服务的一桥家的一家之主是水户藩主德川齐昭的七男庆喜。庆喜是"八一八政变"的指挥者，后来当上了第15代将军。也就是说，他就是涩泽想通过起义讨伐的敌人。

撒谎也是一种权宜之计。要想进入尊王攘夷激进派遭到了毁灭性打击且戒备森严的京都，如果能够打着一桥家的旗号，也许便于潜伏吧。当时，一桥庆喜担任将军监护人一职，1864年3月，他辞去该职改任禁里御守卫总督，平冈元四郎是他的副官。涩泽这种仰仗一桥家"狐假虎威"的行为很难说是尊王攘夷激进派应有的态度。《涩泽荣一传》的作者幸田露伴觉得此事令人费解，非常"奇怪"。

难道不能在当上武士之后，去设法改变当时的政体

---

① 译者注：田安家、一桥家、清水家三大家族。

吗？当时我胸怀作为政治家参与国政的远大理想，这就是我背井离乡四处漂泊的原因。到任职于大藏省的十多年间，站在现在的立场来看，几乎是虚度光阴，毫无意义。每每追忆及此，不胜痛惜。（引自"一生应走之路"一文，载于《〈论语〉与算盘》）

"日本资本主义之父"在反思自己的人生时，忏悔道："不胜痛惜。"他还说："回头想来，一定是因为我之前自不量力，立的志向都是与才能不匹配的，所以才不得不变来变去。""真可惜！青年时代的我冲动之下，错误地将修身养性的宝贵光阴白白浪费到了南辕北辙的事情上。在这一点上，希望正在立志的年轻人将此作为前车之鉴。"

与其晚年相比，年轻时的涩泽思想还不成熟，他一边对自己的"独善"进行着反省，一边试图通过接近一桥家说服庆喜，把这位幕府要人变为尊王攘夷的激进派，从而实现新的"独善"。这些"独善"就是涩泽所说的"之前自不量力的志向""与才能不匹配的立志"。他打心眼里认定自己的转变是"虚度光阴，毫无意义"。

第一章 胆力

不过，笔者却不这样认为。如果他没有为一桥家做事，就不会有明治时期的他，也不可能进入大藏省工作。

年轻的涩泽可能根本不了解社会的复杂性，也没有看清楚庆喜的人品、性格以及身处其位的局限性。经过平冈的劝说，涩泽以为可以向庆喜谏言，于是在一桥家当了一名家臣。他跟随平冈负责在一桥家领地内组建农民军及一桥家的财政改革。他根据以前在老家积累的经验活跃于第一线，为充实一桥家的财政立下了汗马功劳，因此被提拔为勘定组头①。

1867年正月，庆喜的亲弟弟民部大辅昭武（德川御三卿之一清水德川家的家主，后出任水户藩主）准备出席巴黎万国博览会并赴法国留学，涩泽受命赴欧洲出差。涩泽这时已经舍弃了之前二选一非此即彼的攘夷论，因为他没有拒绝去法国。

在巴黎确定人生方向

涩泽从什么时候开始力挺开国论的？这一点不得而

---

① 译者注：相当于财务总监之职。

知。不过，去法国时，他已经意识到了自己今后的所见所闻具有重要的意义。他旺盛的好奇心发挥了重要作用。在远渡巴黎的途中，他生平第一次乘坐了汽船和火车，还目睹了庞大的苏伊士运河开凿工程。

这项大工程好像开工于1865年前后，据闻预计四五年即可竣工。与该工程规模之庞大相比，我更佩服不已的是，欧洲人不仅只是为了一己之利，还超越了国家，主动为全人类谋福利而实施了规模如此之大、目标如此之宏伟的计划。(《青渊回顾录》)

面对这个试图以最短的距离将欧亚连为一体的巨大工程，很多日本人只是惊叹于其规模之大，而涩泽认为这项事业超越了国家，"为全人类谋福利"。他对此"佩服不已"，这充分显示了其远见卓识。以前，他一直认为国家是最大的范畴，然而这时他超越了这个概念，思想已经升华，他想到了全人类的幸福，以宽广的胸襟理解并接受了苏伊士运河。

豪农出身的涩泽具有的先见之明以及作为商人的洞

察力让他预测到，如果苏伊士运河开通，则会贯通连接欧亚的贸易航道，商品流通量将大幅增长。

抵达巴黎之后，涩泽经常一边漫步于街头，一边对文明进行着思考。其中，银行家与军人平等对话的场面给他带来了巨大冲击。当时的日本依然存在着"士农工商"这一等级森严的身份制度。不管实力如何，商人的地位都极低。在江户时代的日本，"利反于义"的道德观根深蒂固，人们都看不起商业。

接触到欧洲文明之后，涩泽深感：为了实现真正的尊王攘夷，即捍卫作为独立国家的尊严，必须尽快实现"富国强兵"，而在这之前必须先"殖产兴业"。当时，担任涩泽甚至是近代日本的导师的是银行家弗罗里·赫拉尔特。

这位银行家告诉涩泽，在欧洲，法国曾经远远落后于英国，然而在拿破仑三世的领导下，一跃成为与英国比肩的强国。其秘诀就在于将银行作为手段，具体建设依靠实业家且为了实业家的社会。银行将沉睡于民间的资金通过利息吸引出来凑在一起，将其转变为促进铁路、钢铁、矿业、交通等产业投资的大资本。也就是说，将资金从蓄水池引向细流、再将细流引入大河，让钱流动起来。

废藩置县时，涩泽推出的公债券也是他在法国时从弗罗里·赫拉尔特那里学来的。将英语的"bank"翻译为"银行"的正是涩泽荣一。

他学到的不止这些。参加巴黎万国博览会的昭武起初准备就此开始在巴黎留学，因此，他们一行人随身携带了大量金币。涩泽于是向弗罗里·赫拉尔特请教如何保管这些现金。

还有一件经济上的事情令我深有感触。弗罗里·赫拉尔特先生劝我们，与其拿着现金，不如购买公债更有利，于是我们听从他的建议购买了法国的公债。后来，他又说，铁路股更有利，于是我们卖了公债买入了2万日元左右的铁路股。后来因为祖国发生政变，当年秋天，我们便匆忙回国。不过，根据当时的价格来计算，除了正常的利息，我们多赚了大约500日元。(《青渊回顾录》)

他还追忆了下面的这件事。

有一种叫作公债券的东西，国家出具借款证明，用于融资。此外，还有根据合本法（为了公益而集资、广纳贤才、兴办公司的法律）成立的铁路公司也发行同样可以流通的借款证明。根据日本的习惯，借条应该是每次非常秘密地签的。总之，我在法国逗留了1年多，接触到了很多事物。(《雨夜谈》)

正是这些所见所闻使涩泽日后成了日本的恩人。

《论语》与算盘

幕府完全看不起经济，对富国强兵的关键——殖产兴业置之不理，抑制通货膨胀的政策也不过是提倡勤俭节约，奖励开垦及开拓，被逼急了就改铸货币，然后就是向豪商及豪农征收御用金。

到幕府末期，一受到欧美列强的威胁，马上就不知道如何筹集巨额财源充实军备，落得个试图向法国借款的地步（这件事因为拿破仑三世政权垮台而泡汤）。这种做法与普通武士向高利贷借款如出一辙。幕府及各藩都找不到根本性的解决方法，试图通过一边依靠豪商及豪农，一边把他们踩在脚下的方式稳定局面。

远渡法国，接触到了欧洲文明的涩泽牢记着这一点：今后的日本必须兴办产业。兴办产业最重要的是人才，必须根除看不起商人的恶俗，进而取缔身份制度，让搞经济的人能够充满自信和自豪。当然，还需要具有广阔的国际视野。

任何时代都一样，不受欢迎、社会认可度低的行业吸引不了人才。要提高商人的认可度，商人自身必须遵守道义，在社会上占一席之地。唯一的方法是，商人必须掌握一直鄙视商人的武士的道德观，证明商人也能变得和武士一样。涩泽发现了这一点，日后他大力宣传的"道德经济合一说"归根结底也是在此基础之上产生的。涩泽的宣传口号："左手《论语》，右手算盘"也是一样的意思。

陪同昭武逗留法国期间，涩泽进一步增长了见识，他立即向已经当上了将军的庆喜谈了自己的理想。他想亲自实践，可是幕府于1868年正月，在以萨摩、长州两藩为主力的鸟羽伏见之战中战败。紧接着彰义队败于上野战争，江户和平开城，幕府土崩瓦解。

新政府成立之后，涩泽不得不回国，等待着他的是被勒令离开江户移居静冈的庆喜及其幕臣们。回国后，涩泽跟着静冈藩领着新政府发放的70万石俸禄的旧幕臣，搬到了静冈。他出任勘定组头，不久便成立了由藩及乡村商人们组成的商法会所。他想通过这种方式掀起金融及商社的新潮流，这个从法国照抄来的办法引起了新政府的关注，并邀请他先在政府进行改革。于是，涩泽赴新政府就职，这是发生在1869年11月的事情。涩泽大显身手的是大藏省改革。

从民部省租税官开始干起的涩泽用了3年时间将自己对日本近代金融体制的思考付诸实践，一手承担了1871年7月实施的废藩置县工作，人们称之为"真正的维新"。翌年2月，他晋升为大藏少辅事务次官。尤其是秩禄公债券的发行使涩泽成了"日本资本主义之父"，当然这也是从法国照抄来的"新知识"带来的成果。然而，好事多磨，涩泽与顶头上司——大藏大辅井上馨一起主张健全国家财政，受到了那些不懂国家财政为何物的各领导的排挤。1873年5月，无奈之下，33岁的涩泽辞去了新政府的官职。

如果没有这场辞职，或者像井上馨官复原职那样回到大藏省，涩泽一定能超过井上馨在官场扶摇直上，就像他日后成了超过松方正义的财政家一样。然而，涩泽没有走这条路，而是选择了"解甲归田"培养商业人才，这是因为他有"道德经济合一说"。就这样，涩泽开始了他的第二次人生，活跃于民间。对此，他日后曾经心满意足地回忆："现在回想起来，对我而言，这才是真正的志向。"

1873年6月，日本第一家近代银行——第一国立银行（现在的瑞穗银行）成立，涩泽就任总监，紧接着出任行长一职。这家国立银行是根据1872年11月制定的《国立银行条例》成立的金融机构，是"根据国家法律创办的银行"，并不是国营、国有的，是一家民间银行。

1871年7月的废藩置县在全国各地掀起了创办国立银行的高潮，仅1879年就成立了153家国立银行。

第一章 胆力 | 019

现在更要向涩泽荣一学习

身在第一国立银行的涩泽不遗余力地创办了后续的几家银行（第十六、第二十、第七十七国立银行等），还把草创期的银行团结起来成立了"择善会"（后来的东京银行集会所，现在的全国银行协会）。他以身作则，孜孜不倦地指导有关部门整顿银行业务，普及经营管理知识及提高服务质量。

涩泽认为："日本的近代产业必须广泛吸纳资本，吸取新知识，让有能力的人来经营。"他强调通过"合本主义"（后来的股份公司形式）成立近代企业，还全力以赴地培养、邀请了众多经济界及产业界人士，鼓励并支持、促进了新商业、新业务的发展。

他还成立了"养育院"，并参与运营，为生活困难的人提供住处及食品，给他们介绍工作。涩泽亲手创建的对日本以后的发展必不可少的公司不胜枚举。继1873年创建了日本第一家造纸公司——抄纸会社（王子造纸公司的前身）之后，又创建了日本最早的大阪纺织公司及三重纺织公司（后来的东洋纺织公司）、东京海上保险公司（后来的东京海上日动火灾保险公司），还有大日本人造肥料公司（后来的日产化工公司）、铁路公司（后来的JR东北干线公司）、大日本麦酒公司（后来的朝日啤酒公司及札幌啤酒公司）、日本邮船公司、东京瓦斯公司、东京钢铁厂（现东京钢铁公司）、帝国饭店、中外商业新报社（现日本经济新闻社），等等。

虽然创建了众多的企业并参与了经营管理，但他从来没有想过建立自己的金融帝国，反而还担任了三井、三菱、住友、安田、古河、浅野这些财阀的协调工作。日本举全民之力发奋赶超发达国家，他们坚信，面对各欧美列强的压迫，通过殖产兴业实现富国强兵才是捍卫日本独立尊严的唯一出路。身处其中的涩泽强调，追求利润及积累资本都必须符合道义，不能将"独善"作为出发点。他还说，在民主、合理的经营下，基于仁爱及情义开展企业活动，国家就能繁荣昌盛，国民就能过上好日子。

因此，他不仅把《论语》作为德育典范，大力提倡"道德经济合一说"，还力图让人们广泛实践，为创办、发展东京高等商业学校（一桥大学的前身）、大仓高等商业学校（现东京经济大学）、岩仓铁路学校（现岩仓高中）等做出了积极贡献。

1909年6月，涩泽迎来了古稀之年，除第一国立银行及银行集会所，他辞去了其他60多家企事业单位的职务。1916年5月，他从金融界隐退，其代表作《〈论语〉与算盘》于同年出版。

涩泽说，从明治后期至大正时代，日本人的生活富裕程度超过了以往任何时代。日本人获得了物质上的富足，但是，精神上的富足呢？经济也是一样的，企业可以追求利润，但是如果底子里没有正确的道德观，就不可能立足于社会。

涩泽一边身先士卒地推进各种国际交流活动，一边告诉人们：衣食足则知礼节、贫则钝，即经济与道德就像车之两轮。他说："日本要永立于世，国际合作是不可或缺的。"

涩泽具备了企业家取得成功的三个条件：

1. 大局观（历史观、先见性）
2. 伦理观（道义、道德、德行）

3. 价值观（经济观）

如今的企业经营者很难同时具备这三点，其中最为重要的是大局观。第一次远渡法国之后，涩泽开始用其他人无可比拟的广阔视野看待国际社会中的日本。当然，晚年的他也以不同的形式指出，日本与欧美各国在认识上的差异及保护日本在国际市场上的既得利益这些强烈的"独善"或自我意识会导致经济摩擦。

1931年11月11日，这位经济界的一代统帅在日本近代发展史上留下丰功伟绩之后与世长辞，享年92岁。

安田善次郎

坚持稳健经营

失败后如何权衡得失

今后的经营能否取得成功取决于如何面对自己的失败。不承认失败，逃避现实，怨天尤人，借酒消愁，满腹牢骚，这样的人将陷于恶性循环，即使从头再来，也会是屡战屡败。

做好计划，付诸实施，失败之后，人们往往会在心中大喊不妙。新冠疫情突如其来，面对这场出乎意料的灾难，人们束手无策，陷入了"困境"，然而，大多数情况下，事情都是事先可以想到的。有些时候，自以为想到了，结果大意失荆州。更多的时候，人们容易毫无根据地以为没问题，没有认真对待，结果后悔不已。

已经发生的失败无可挽回，重要的是正视失败，承认自己的错误，深刻反思，以免重蹈覆辙。教给我们这个道理的是安田善次郎，他与今天的瑞穗银行——安田银行变为富士银行，是现瑞穗银行的前身之一——关系密切，亲手打造了安田财阀，被敬称为"银行大王"。

善次郎思路清晰，冒险精神强于常人，而且风流倜傥，非常有女人缘。他曾经迷恋常磐津①，认真思考过当一名义大夫②师傅，还和街头巷尾的江户娃混在一起，在江户城里游荡。"勤俭储蓄""身体力行"都是后话了。总之，他一直活得不可一世，不懂人生的艰辛。他后来之所以奋发图强，是因为投机失败之后，能够努力面对自己的惨败并自我反思。善次郎的确付出了数倍于常人的努力。10 多岁起游手好闲，过了 25 岁，他猛然醒悟，洗心革面。可能很多人会认为，因为他是伟人，是传记中的人，所以才能做得到，平常人是做不到的。然而，并非如此。

---

① 译者注：原为日本传统舞台艺术净琉璃的一个流派，后来演变为歌舞伎舞蹈的音乐广泛使用。
② 译者注：剧情解说者。

失败之后，如何对待失败？反思是得还是失，只要权衡得失就可以了。这就是人们所说的"这个人真现实"的"现实"（根据利害关系，马上转变态度）。认真的人、自尊心强的人、不服输的人即使因为失败而被逼入"险境"，也会为自己找理由开脱，认为自己还有办法，这次不过是犯了一个小错误，下次一定能做好。

坚持再战，下次就一定能赢吗？刚失败时，人们往往容易头脑发热，难以做出正确的判断。这时，如果能够好好地权衡得失，就会明白冲动行事是不可能东山再起的。为了最大限度地将失败的影响控制在最小范围，选择不再犯同样的错误是最为有效的。善次郎在投机中亏了本，经过权衡得失，他觉得要努力干活儿以填补亏损。也许失败时，他一心想着的是"勤俭储蓄"之后再去做投机生意。

人的想法会随着年龄及自己扮演的角色而变化。先要振作起来，养精蓄锐之后卷土重来，"未来"往往会随着其结果而来，解决方法也会如期而至。近松门左卫门在净琉璃《倾城酒吞童子》中提到的"先输再赢"说的就是这个道理。

与其当潦倒的武士，不如从商

诺贝尔文学奖获得者、法国作家阿尔贝·加缪曾经说："与人们认为的相反，希望与放弃相等。而活着，就是不言放弃。"这种想法并不会玷污安田善次郎的名声。相反，正是因为他是一个有趣的人，才得以成为一名成功的企业家，作为"银行大王"名垂青史。

善次郎原名岩次郎，出生于1838年10月9日，其父是越中国富山藩的一名下级藩士（足轻）。下面讲两个有代表性的故事。

第一个故事是：善次郎总是把以历史上第一位成功统一了日本的丰臣秀吉为主人公的《太阁记》放在身边，追逐着自己的人生梦想。丰臣秀吉原本为一介草根，后成为天下第一人，善次郎心想："自己虽然现在穷困潦倒，但终有一天会像秀吉那样富可敌国，成为人上人。"不仅是少年时期，长大之后，每当碰到困难，善次郎也会这样鼓励自己。有趣的是，他为什么没有梦想着当一个成功的武士呢？答案与一则逸闻有关：那是一个下雪天，与父亲一起外出的善次郎在路上偶遇一个上士（上级藩士），父亲见状马上跪到路边致敬，还催善次郎也跪下。父亲的身影让善次郎受到了冲击。

这种状况是幕藩体制的身份制度导致的。在这件事之后不久，他目睹了一件相反的事情，其带来的冲击影响了善次郎一辈子。大阪的一位豪商贷款给富山藩，他家的二掌柜把钱运到了城下。众多勘定奉行①以下的上士专程到城下迎接这位二掌柜，回去的时候，大家又兴师动众地把他送到了城下。这个场景给善次郎带来了一种说不出来的类似文化冲击之感。

他看到，经济实力已经彻底颠覆了"士农工商"这个身份制度。于是，他模模糊糊地意识到，干脆不再当什么饱受上士欺凌的足轻，要当就"当一个腰缠千两"的富翁。当时的善次郎年少轻狂、野心勃勃。16 岁时，他立志去江户闯荡，像秀吉那样出人头地，当一个大商人，从而断然离开了家。他决心走经商之路，而不是当一名武士，这多少受到了越中富山当地风气的影响。

---

① 译者注：与寺社奉行、町奉行同为三奉行，是江户幕府的要职。

该地因"先用后收费①的反魂丹"和货郎而闻名。越中富山藩10万石俸禄的第二代藩主前田正甫在位的延保年间（1673—1681年），富山藩因为采用了先用后收费这个特殊的销售策略而闻名。一般而言，以农渔业为主的地方，如果存在一些产业、商业，则可以提高当地人对商业的认识。这种其他地方见不到的"先用后收费"的销售策略，给善次郎之类的年轻人带来了启发，让他们深刻认识到，凭借自己的努力当一个有钱的商人胜过做不得不遵守等级制度的武士。

不过，善次郎两次离开家都以失败告终。第一次离家时，路上碰到了一对樵夫父子，在他们的说服下，善次郎"打道回府了"。3年后，也就是1857年，他不愿意继承下级武士的地位，不顾父母的强烈反对跑到江户去了。

善次郎用两个星期的时间到达江户之后，马上就进了日本桥的一家鱼贝干货店打工。然而，几个月后，老家的父母就打听到了他的消息，把他带回了富山。不

---

① 译者注：即免费在居民家里放置一个常备药箱，居民服用后再收费并补充新药。

过，善次郎并没有放弃，第二年他终于说服了坚决挽留他的父母，第三次朝着江户出发了。他先在一家玩具批发店里打了 3 年工，然后又在一家名为广田屋的从事钱币兑换及海产品批发的商店打了 3 年工。

广田屋虽然是一家钱币兑换商，但与那些为幕府及大名服务，通过支票或汇票向大名提供贷款等业务的豪商不同，它不过是街头的一家小兑换商，即通过铜钱与金币、银币的兑换赚取一些手续费的钱铺。在这段时间，善次郎在江户玩得非常高兴。他之所以开始投机，是因为来到江户 6 年，年薪只是从起初的 3 两 2 分涨到了 6 两。

是绝境，也是机会

《太阁记》很丰满，现实却很骨感。善次郎做梦都想一夜暴富，于是开始投机，却以失败告终。他心想："这样下去的话，别说腰缠千两的富翁，连十两都搞不到。"1863 年 12 月，他毅然决定出来自立门户。

虽然听上去很气派，其实不过是铺一张门板，放一些碎钱在上面的门面罢了。除钱铺业务，他还从以前的老板那里分来一些海苔和鲣鱼干来卖。一条腿走路是不行的，这就是他的风格，他本来就很有眼光。

一边埋头做买卖，一边广求知己，这给他带来了机会。从游手好闲的那段时间开始，他就喜欢结交朋友。不知道他是什么时候听说横滨建了租界的，一到横滨，他就掏出身上所有的钱做鱿鱼干投机生意。他好像没有完全戒掉赌博，也许他天生胆子大，也许他已经打算好了：如果失败了，就背着鱿鱼干走街串巷地去卖。不过，这次他蒙对了。他获得了17两的利润，再加上本钱，手上有了42两左右的资金，这笔钱就是他日后打造名震天下的安田财阀的启动资金。

1864年3月，善次郎终于有了一家正规的门面。尽管如此，这与以往走街串巷做买卖时的业务内容并没有太大差别。江户时代的货币非常复杂，金币分为大伴、小伴、二分金、三朱金等，银币分为一分银、二朱银，铜钱也分为很多种，还有各藩发行的藩币。按照金本位，根据每天的行情每两收取10文或15文钱的手续费，这就是前面提到过的钱铺的盈利方式。

有了自己的店面的善次郎有一个习惯，在开店之前，总是要做完一件事。当时，店里雇了一个伙计和一个负责做饭的老妈子。善次郎每天凌晨 4 点天还没亮就起床，把前后左右打扫干净，洒上水，把灶里的火生着之后就去叫伙计和老妈子起床。

做完这件事后，他拉着大板车挨家挨户地转，赚一点微乎其微的手续费，然后才回家吃早饭。他可能是觉得，仅靠钱铺还不放心。于是，他还采购一些海苔和鲣鱼干来卖，卖价与进价几乎相同，他想通过薄利多销来尽量贴补主业。

善次郎没有忘记，钱铺最重要的是信誉，他拼命工作，争取给周围人留下守信誉的好印象。27 岁时，他娶了比自己小 6 岁的房子为妻，婚后，夫妻二人努力打拼。不久，求之不得的运气降临到了善次郎的身上，这为他奠定了在商界腾飞的基础。

幕府末期，开始与外国做生意，日本的金币大量流失到国外。日本与欧美列强之间，金与银的兑换比例不同，日本国内为 1∶6，而国外为 1∶15，差距很大。瞅准这一点的外国人企图把国外便宜的银币带进日本，再把日本的优质金币带出去。这种做法一度非常猖獗。据说，仅1858年横滨开港前的半年时间内就有100万两的金币流失到了国外。善次郎也从中分到了一杯羹，从外国人那里获得了巨额佣金。

当时，他连自己的事都忙不过来，还没有纵观整个日本的闲情雅致和相应的知识。然而，为金币流失愁眉不展的幕府沉不住气了，决定回收旧金币、银币，改铸新小伴，降低含金量以对付外国。社会动荡不安，对一些不法之徒而言，回收金币、银币的商人恰好是他们袭击的目标。那些豪商们已经看透了幕府的伎俩，面对幕府提出的方针，他们以歇业等为由不服从命令。于是，一筹莫展的幕府命令街头的钱铺回收金币、银币。

善次郎心想："上面打个招呼居然就可以赚到钱，我岂能不好好干？"他摩拳擦掌，兴奋不已。他想到的是大赚一笔，而没有预测到风险。回收旧金币、银币之后，每1000两包括鉴定费和手续费可以赚1两。善次郎认为这是一个千载难逢的机会，拼命地干。

不久，因为回收业绩突出，他从幕府那里获得回收小额资金贷款的权利。他连日回收了一万两的旧金币、银币之后，1866年4月，幕府认定善次郎为总钱庄，给他提供了3000两的贷款，目的在于促使其进一步加大回收力度。

随政府的动向而动的策略

江户的治安已经非常糟糕，接近于无政府状态。1867年，即明治维新的前一年，萨摩的浪士自称"御用盗"，结成团伙进行抢劫，只要看到有钱的豪商，光天化日之下就展开袭击。经常搬运或管理着巨额资金的善次郎非常危险。当时，善次郎在生意上心无旁骛，赌上了自己的身家性命。"有三利必有三患"，这一点适用于所有的工作。赚的钱越多，风险就越大，因此，善次郎从来不敢放松警惕，行事小心谨慎。

用大板车搬运千两箱①时，为了遮人耳目必须做一些伪装，善次郎心想，如果放进仓库，反而会被人盯上，于是日复一日地在夜深人静之后，和妻子一起把千

---

① 译者注：江户时代收纳1000两货币的木箱。

两箱埋在外面的垃圾堆里，第二天早上再挖出来，若无其事地放回原处。那段时间，这对夫妻每天有几个小时都睡不安稳吧。白天是繁重的体力劳动，晚上睡觉的时候又恐惧不安。在这种身心得不到放松的日子里，他们居然没有倒下。

苦难有很多种，但最大的苦难是心累。善次郎夫妇虽然挺了过来，但还是被抢了两次。正如与善次郎差不多同时代的瑞士哲学家、法学家卡尔·希尔逊所言："苦难可以让一个人变得强大，也可以打垮一个人，这取决于这个人自身具有的素质。"善次郎在艰辛的岁月里不断地锤炼着自己。后来，他回忆："在我的一生中，很少这么拼搏，钱赚得最多的也是这段时间。"

不管怎么说，通过货币回收，他能从幕府拿到鉴定费，同时还能从提供旧金币的人那里得到手续费。因此，明治维新成功之后，善次郎的资产已经达到了1984两（相当于如今的3968万日元）。

善次郎的厉害之处在于，他在完成了这么多旧币回收业务的同时，被幕府提拔为总钱庄之后，他马上就开始了"换包"业务。换包，又名"座包"，指金币每

100两，或者银币每25两用纸包成一包，然后在纸上加盖钱庄的印章。盖章是为了证明里面都是真币，没有混入假币，因此，盖章的钱庄如果没有信誉，就失去了意义。善次郎一直把信誉放在首位，所以不久，三井家的越后屋吴服店[①]等商户就无条件地接受盖有安田屋印章的座包。

新政府（太政官）成立之后，善次郎获得了更大的舞台，实现了进一步的飞跃。苦于财政困难的新政府想通过金圆券，即太政官钞解决问题，于是委托三井发行太政官钞。然而，国民不认可这种没有正币储备的纸钞，拒收金圆券。但是，善次郎可能是因为刚接到了政府分配的指标，用以往的金币、银币兑换了市场上的太政官钞，手里拿了大量的这种纸钞。

善次郎觉得，新政府迟早会完善体制，税收也会稳步增长，因此，不用多久，金圆券就会具有其原有价值。然而，政府自身也认识到了金圆券回天无力，允许出现两成的差价，导致太政官钞无人问津，价格天天

---

① 译者注：和服店。

跌，最后跌破了面值的一半，100两的太政官钞，价格跌到了40两。慌了手脚的政府在大阪建了造币厂，并立刻委托英国东方银行①引进了设备，开始下真功夫重新发行货币，将太政官钞作为兑换券按照其面值通用。

有种说法认为，善次郎在正式发布的前一天就得知了这条消息，然后大肆用最低价38两四处收购100两面值的太政官钞，天亮之后，太政官钞价格一路飙升。明治维新之后不到两年的时间内，善次郎就成了坐拥15000两（相当于如今的3亿日元）资产的大富翁。

这难以想象的事情，善次郎做到了。他仿佛变了一个人似的，更加注意眼观六路，一点儿也不敢松懈，那时他刚30岁出头。实际上，善次郎的做法自幕末以来并没有变化，就是随政府的动向而动的策略。因此，他必须目不转睛地盯着政府的动向。靠太政官钞日进斗金之后，他开始热衷于收购政府为救济贫穷士族发行的秩禄公债及金禄公债②。

---

① 译者注：又名丽如银行。
② 译者注：与秩禄公债同为废除封建特权身份制度之后，明治政府发放给相关人员的补偿金。

走向成为"银行大王"之路

从前学习日本历史时称为大化改新，现在学的时候称为乙巳之变。这是因为人们的认识发生了变化，现在的看法是，为了建成律令制国家，皇极天皇（第35代天皇，复位之后成为第37代齐明天皇）在位时的645年6月，大权在握的苏我入鹿遭到暗杀，然而大化改新并没有因此结束。历史上，大化改新经过了漫长的岁月才得以完成。

同样，与大化改新并称为日本历史上两大变革之一的明治维新也并不是在明治元年（1868年）就万事俱备了的。更为重要的是1871年7月实施的废藩置县，德川时代的幕藩体制被打上了决定性的句号就是在这个时候。当时，政治上已经开始出现混乱，如果再出现经济上的抵抗，明治维新就会陷入夭折的境地。具体而言，新政府如果拒绝接纳幕府及各藩的借款及数额巨大的藩币，全国人民肯定会揭竿而起，发动大规模起义。穷得揭不开锅的新政府根本无法应对。其证据是，新政府命令贼军各藩捐款，命令德川家、会津藩等大规模换防，然而就像从前的关原战役一样，并没有将贼藩一锅端，因为他们担心，如果一锅端，就会出现大量的囚犯，引发起义，从而爆发井喷式的社会不安。

为了真正实现中央集权化，必须实施废藩置县。然而，1870年各藩的借款（藩债及藩钞之和）平均达到了各藩收入的大约3倍。面对这些借款，有些藩主坚持不下去了，于是主动提出废藩。尽管如此，入不敷出的新政府明明知道各藩的财政状况，依然命令其缴纳更多的军费。

整个日本面临着因国家财政破产而一触即发的危机。要解决这个最大的难题，在废藩置县之前，必须想办法解决各藩的借款。挽救了这个死局的是涩泽荣一，他把自己在法国购买国债的经历照搬到了日本。不管怎样，公债的好处是明确规定了偿还日期，再加上还有利息，手上有藩钞的人应该也能接受它。于是，金禄公债券应运而生。

为了承接公债券的发行业务，各地纷纷成立了国立银行。随着秩禄处分，1876年8月，日本颁布了《金禄公债券发行条例》，政府向武士发放金禄公债替代原来的俸禄，这些人从此靠利息生活。利率根据原俸禄的多少有所变动，从5%到7%不等（也有一部分是10%），冻结5年，第6年开始通过抽签方式偿还，30年内偿清。针对31.4万人，政府发放了总额为1.74亿日元的公债。金禄公债虽然不能倒卖，但对《国立银行条例》进行了修改之后，可以发行同额的银行券（国立银行券）。因此，旧士族纷纷开始创办银行，1878年，废除了禁止转让、抵押的规定，倒卖也得到了认可。

将旧统治阶层的身份分为华族、士族、卒族三个等级，对士族发放公债，即废除用大米支付俸禄的做法，按照3年平均的下拨大米的行情换算成公债发放。士族们考虑到今后的生活，把公债作为本钱从事农业、商业，然而其中不少人抱着"武士商业宝典"大张旗鼓地开了张，很快就失败了。

1876年开始发放公债，仅过了8年，80%的公债就已经不在士族们的手上了。善次郎用面值的七八折收购了许多公债。如前所述，金禄公债起初是禁止买卖的，不过可以用于担保，所以该规定形同虚设。另外，他还负责经办司法省的公款收支工作，承包了无息保管公款业务，用公债做担保收取利息，同时还从事公款贷款业务，这比他收集万延小判时还有赚头。

用7万日元购入面值10万日元的公债，向政府做担保时就变成了10万日元。公债每年都会产生利息，让它躺在手里，然后把公款提出来挪作他用，这种做法让善次郎喜笑颜开。1876年，趁着对《国立银行条例》进行修改之机，善次郎创办了第三国立银行，在各地开设分行、储蓄所经办公款业务，从而确定了资金集中化机制。

自称"勤俭堂力行道人"

其实，这里面也有一个计谋。条例规定，银行60%的资产可以接受政府公债担保，剩下的40%由自己储备正币，因此可以发行占银行资产80%的银行券。也就是说，银行可以独立发行纸币，创造资金。

善次郎又接二连三地创办了几家银行。1877年，他创办了第四十一国立银行，1880年1月，改组安田商店，创办了日本第一家不在《国立银行条例》规定之内的民间银行——安田银行。此外，他还在1882年成立的日本银行担任了事务官，后来历任局长、理事、监事。

我们不能抹杀他，认为他不择手段，他是因为做好了充分准备才受到了运气眷顾的，运气也是实力的一部分。善次郎不断扩大自己可以调动的资金规模，还从日本银行得到了巨额资金。对经营不善的地方银行伸出了援助之手，然后将它们收入自己旗下。

他专心于金融业，把自己所有的精力都倾注到了银行的发展上。这里有一份题为《躬行实践训》的员工服务守则，由14条构成。这份守则非常有趣，可以让我们了解到善次郎的为人，下面摘录一段。

每天应该早上6点起床，晚上9点就寝。睡懒觉、熬夜既于身体有害，也于开展工作无益。接待客人时，不论其贫富贵贱，都要诚实、温和、热情。本行举办培训等活动时，员工必须参加学习。再者，每天早上切记拜神礼佛。虽说这是每个人的自由或私事，但要知道，敬神信佛之信念坚定之人往往小心谨慎，宅心仁厚，少暴戾之气。

据说，善次郎晚年是一名虔诚的佛教徒。他每天早早起床，打扫佛坛，供花念经。他的一天就是这样开始的。在家里的时候，他一直穿着棉布做的衣服，吃饭时，全家人都是一汤一菜。由于过于"勤俭"，他在院子里建了一座佛堂，称之为"勤俭堂"，并自称"勤俭堂力行道人"。

50岁出头的时候，他表面上表示隐退，但72岁才正式隐退。他的一生经历了众多毁誉参半之事，这也是成功者的常态。善次郎看人的眼光独到，对自己看中的人，会不遗余力地为其提供帮助，本书中写到的浅野总一郎等人就是这样的例子。反面的例子也有，下面这则故事说：安田松翁（即善次郎）是一位贷款高手。

北海道的留萌有一个姓五十岚的投机商，他做煤矿生意，从安田银行贷款约15万日元。由于这层关系，安田松翁去北海道视察时，起初住在五十岚家。心怀巨测的主人摆上山珍海味，安排得非常周到。第二天早上，吃完饭之后，松翁首先瞥了一眼挂在壁龛里的宋画（中国宋朝时期的画），然后慢条斯理地说："我早听说您是南部的素封之家，用的也都是一些了不得的东西，令人颔首称赞。然而，这些对实业家而言，都是没有用的。我觉得，最好的做法是，尽快把这些东西卖掉换成资本。实际上，这次旅行，我准备了30万日元（相当于现在的12亿日元），打算给别人用。然而，非常遗憾，整个北海道我都没有碰到一个可以给他30万日元用的人。这次承蒙您热情周到的安排，感激之情无以言表，我自己写了诗笺及报恩记，虽然拿不出手，但还是把这两样东西呈于您作为纪念。另外，我本来一直规定自己不管住在哪里都要付10日元的小费，但昨日来了之后，给大家添了不少麻烦，所以，10日元送给店里的伙计，10日元送给女佣。"说完之后，他便匆忙收拾好行李离开了，心怀叵测的主人完全打错了算盘。能够察觉于未然的松翁实在是一位贷款高手。(《默默道人闲话》)

总之，了解善次郎的人说："没有比安田更谦虚的人了。"不过，有时酒劲儿上来之后，他就变成了另外一个人。

德荫后世的善次郎

三菱财阀的第二代掌门人岩崎弥之助出任第四代日银总裁的贺宴上，众人酒兴正酣时，中途退席的善次郎回来了。隔着拉门，他听见弥之助说："……好像对日银监事的头衔恋恋不舍。"

善次郎觉得他说的是自己，于是趁着酒劲儿，打开拉门冲到弥之助身边。盘腿坐下之后，他脱口说道："什么是对日银监事一职恋恋不舍？如果说我安田是贼，三菱也一样是贼。真荒唐！"他的嗓门很大，结果双方差点儿打起来。不过，善次郎搞错了，弥之助严厉批评的是另外一个人。据说，弥之助大怒，拂袖而去，善次郎没有办法只好辞去了日银监事的职务。

不过，总体而言，他是一个性格温厚、一丝不苟的人。大家都知道他非常守时，对时间要求非常苛刻，比约定的时间哪怕只晚了 10 分钟，他就不见那个人了。

1856年，他开始写日记，之后没有中断过一天。1880年前后，他喜欢上了茶道，之后的42年间，他一直记录着每次的茶会。有的人认为，他赚钱的手段阴险狡诈，但他具有强烈的社会服务意识，日比谷公会堂、旧安田庭园（墨田区）及东京大学的安田讲堂等都是他捐款修建的。

1921年9月28日，住在大矶别墅中的善次郎倒在了一个硬闯进来的不知其名的青年的利刃之下。还有一种说法是，该青年逼迫善次郎捐款，遭到毅然拒绝之后将其杀害。当时，善次郎84岁。善次郎之死令浅野总一郎十分为难，因为浅野正准备靠善次郎的担保帮助东洋汽船公司走出困境。偏偏在这个时候，他接到了善次郎的死讯。这件事导致浅野财阀走向了下坡路。

安田商店后来更名为安田银行，是善次郎的主要银行，1948年又更名为富士银行，是现名为芙蓉集团的旧安田财阀的领头羊（后与第一劝业银行、日本兴业银行合并，现为瑞穗银行）。该集团包括冠有安田之名的安田信托银行（现瑞穗信托银行）、安田火灾海上保险公司（现损害保险日本公司）、安田人寿保险公司（现明治安田人寿保险公司)、安田不动产公司,还有东邦人造绢丝公司(现帝人公司的前身之一)、昭和海运公司(后并入日本邮船公司)、日本钢管公司(现JFE钢铁公司)及日本水泥公司(现太平洋水泥公司的前身之一)、久保田冶炼厂(现久保田公司)及丸红公司、昭和电工公司、日清面粉、日冷食品公司、日立制作所、佳能公司和东武铁路公司等。

历史车轮滚滚向前,日本的企业面临的形势越发严峻,该集团下属的企业也无法独自"稳坐钓鱼台"了。然而,越是这种时候,我们越应该重新学习安田善次郎的聪明才智。因为无论生在哪个时代,善次郎恐怕都能取得成功。

浅野总一郎

思维方式180度大转弯的日本水泥大王

活成了窝囊废的边际人

世上有些人志气比别人高、干劲儿比别人大，可是实际行动之后，做什么都做不好，屡战屡败。被后人誉为"水泥大王"，一手打造了浅野财阀，在近代日本具有举足轻重地位的浅野总一郎，其前半生就屡战屡败，认识他的人笑称他为"损一郎①"。

1848年，也就是佩里黑船来航的5年前，3月10日，越中国冰见郡薮田村（现富山县冰见市）的医生浅野泰顺的长子总一郎，也就是"损一郎"呱呱落地，幼名泰治郎。浅野家世代行医，是村里有名的财主。泰治

---

① 译者注：日语的"损"与"总"发音相似，是"亏损"之意。

郎上面有一个比他大 16 岁的姐姐，浅野家已经给她招了夫婿。

不幸的是，泰治郎 6 岁丧父，于是去父亲的同行、在镇上行医的宫崎南祯家当了养子。南祯的妻子是泰治郎的母亲理世的妹妹，泰治郎其实是成了其姨父家的养子。南祯让泰治郎学习医学书籍《伤寒论》（医生的必读书），泰治郎天资聪颖，14 岁就开始帮助养父行医。如果顺利的话，泰治郎也许会成为一名医生扎根于家乡，安安稳稳地度过一生。然而，他的命运突然发生了变化。1861 年，越中国爆发了霍乱，当时的人们找不到原因，也没有应对的办法，好多人因感染此病去世。

医学的局限及自己的无能为力令泰治郎感到非常痛心，他试着开始了人生中的第一次"逃跑"，回到了自己家。如果其父泰顺还健在，泰治郎肯定就不能这么任性了。就在这个时候，其姐姐、姐夫也相继病死。相依为命的老母非常溺爱他，泰治郎宣布要从商，他说："我要当就当钱屋五兵卫那样的北路①首富。"

---

① 译者注：日本中部地方日本海沿岸地区，包括新潟、富山、石川、福井四县。

钱屋五兵卫是江户时代屈指可数的豪商，在加贺百万石俸禄的加贺藩前田家的庇护之下，他将自己的触角从典当行、酱油酿造这些祖业扩张到了以大米运输为主的北方沿海船运业，其晚年致力于开垦工作，但因卷入了藩中的政治斗争，身陷囹圄而死。令人吃惊的是，其业务开拓顺序大致与泰治郎的经历有些不可思议的重合之处。

泰治郎或许是真的立志成为钱屋五兵卫那样的人。他的这个大胆的想法是从何而来的呢？笔者注意到，日后他在人生的几次转机中遇见的涩泽荣一、安田善次郎、岩崎弥太郎都是"边际人"。在"士农工商"这种固化的身份制度下，生于医生之家的泰治郎是一个"局外人"，然而，他却想成为商人。

边际人是心理学上的术语，指同时属于两个或两个以上的集团，却不同化于其中任何一个集团，情绪处于不稳定状态的人。不能被划入任何身份等级的他们有时会做出不着边际、令世人惊叹的事。也就是说，"边际人"会用一些不符合常理的理由、道理或行动理念把周围人带跑。他把母亲给的钱作为本钱建了一家夏装用皱布编织厂，雇了几个女工，把她们编织的布料拿去贩卖。他还酿造过酱油，但亏了本，以失败告终。

大庄屋①镰仲家想招他当上门女婿，在对泰治郎颇有好感且在村里有头有脸的山崎善次郎的主婚下，泰治郎结婚了。婚后，他改名惣一郎。岳父家雄厚的财力令他再次点燃起当大商人的梦想，1867年他亲自创建了加贺藩积极鼓励的物产公司（经销藩主导的当地物产的商社），经销草席及草垫席面等农产品，销售区域横跨日本海沿岸至虾夷地（现北海道），然后购买能登（现石川县北部）的酒、越后（现新潟县）的粮食、虾夷地的鲱鱼回来卖。这时，明治维新成了他的绊脚石。

1868年1月之后爆发了戊辰战争，物产公司在内战中失去了立足之地。为了彻底打个翻身仗，他趁着歉收去越后收购大米，买到的都是质量有问题的大米，他的债务像雪球一样越滚越大。就是从这个时候开始，人们开始在背后叫他"损一郎"，说："惣一郎总是亏损！"

被岳父家赶出来回到自己家之后，他根本没有吸取

---

① 译者注：江户时代负责领导数个村落的村官。

教训，依然立起了"浅野草席商店"的牌子，开了一家店。和以前一样，他碰到什么就买什么，然后摆出来卖。每次想扩大业务时就要增加贷款，这样一来，商户们不见现金就不给他供货了。

谋求东山再起

走投无路的惣一郎只得去向人们因为害怕而称之为"能登熊"的高利贷借了300两，然而拖了很久还是没钱还。于是，他来到监护人山崎的家中，告诉他自己已经不行了，准备关门大吉。没想到，山崎鼓励他说："七倒八起①还不够的话，那就八倒九起，甚至九倒十起。"这番话令惣一郎决心从头再来，他心想："算了，管它呢！"丢下一身债逃离了家乡。

1893年之后，他开始自称为"总一郎"，这里，笔者想从危机管理的角度简单分析一下惣一郎的经营。任何人在创业时，都不会从一开始就盼望着失败，然而经

---

① 译者注：日语中的"七倒八起"是"无论跌倒多少次，都要爬起来"之意，比喻百折不挠。

营上的判断失误是常态，任何人都肯定会碰到失败。

有些人失败之后就捶胸顿足，刚开始的时候焦躁不安，瞎折腾，手忙脚乱地挣扎一番，然后就因失败带来的严重后果而缩起手脚，放弃了原本定下的目标，心里想着："我果然还是不行！"眼前高不可越的"围墙"令他无精打采。还有些人会突然出现精神上的异常，用现在的话来说就是抑郁或者患上其他心理疾病。

除了经营者，这种情况也会发生在想干出一些名堂的人或者身负重任的人身上。明明看得到的"未来"一下子突然不见了，人就会失去判断能力，变得不可理喻，对任何事情都提不起兴趣，尤其是面对让人窒息的人际交往。具有强烈责任感的人往往因责任重大而深感压力倍增，最后身心俱疲。不管是经验丰富的经营者，还是第一次承担重任的年轻人都是如此。

只要看看浅野"损一郎"就可以了。他没有直面自己的失败，简单地认为所有失败都是外因导致的。尽管后果已经超出了自己的想象，他却等不及情况好转，心想：下次这样做就行了，在没有可靠的条件的情况下，就又开始天花乱坠地描绘成功蓝图。实际上重启之后，却只是旧伤未愈又添新伤。他不断重复着这种愚蠢的行为，最后把自己逼进了卷铺盖跑路的困境，也给自己的母亲及监护人带来了麻烦。

我们应该向"损一郎"学习的是：不直面失败，抽身而逃有时也可以出乎意料地实现东山再起。一般而言，从自己一手招致的困境中抽身而逃是一件丢脸且没出息的事。这种卑劣的行径令人不齿也是理所当然的。然而，他并不是想通过逃跑来拼命积攒出东山再起的能量，激发几近枯竭的干劲儿，而是养精蓄锐。

这里所说的能量指自然而然地从身上冒出来的活力、干劲儿，是不管怎样有意识地折腾也发挥不出来的，也不会因为鼓励而冒出来，而是需要一定的"时间"。一时的逃避往往胜过拼命努力而弄垮自己。

世上有一些迟钝的人、抗压能力强的人，其本质在于会转弯儿。从长计议与"损一郎"抽身躲起来的行为是一脉相通的。对于人而言，闷闷不乐地自我否定，是不可能产生建设性的想法的，尤其是经历了重大失败之后，必须先遏制自我否定的思维方式导致的恶性循环。这一点很重要。

不过，如果不承认失败，就不能找到不断失败的原因，充其量只会怪罪自己运气不好。做人真的很难！这一点也可以用在逃到了首都的惣一郎的身上，当时江户已经更名为东京，那是1871年的事了。

变废为宝的生意

跑路的时候，母亲让他带着自己东拼西凑来的33两。新币条例出台之后，货币单位由"两"变成了"日元"。他在路上用了6日元，每个月还要向房东支付6日元的房租，很快便囊中羞涩了。

于是，惣一郎开始在路边摆摊儿卖糖水。当时，制冰还不普及，他一边走，一边大声吆喝着推销凉糖水，每杯1钱。每天的销售额如果达到40钱，付了6日元的房租之后，还可以生活下去。然而，这种小本生意需要本钱，下雨天又不能出摊儿。只有夏天能赚到钱，到了秋天，销售额就掉下去了。这样的话，实在难以做到发家致富把债还清，衣锦还乡。这时，惣一郎站在了命运的岔道口。

他突然想起来有个老乡在横滨开了一家卖酒的商店，于是找到那个老乡当了一个包吃包住的伙计。这家商店还销售酱油和味噌①，这就是日后的浅野财阀的起点。

经过一段时间之后，惣一郎终于承认了自己的失败。于是，情况为之一变。就像把眼镜镜片上的雾擦干净了一样，他豁然开朗，冒出了一个之前没有的想法。不论在哪个时代，也不论哪项工作，很多时候商机都来自一些不起眼儿的小事，关键是能不能将其活用。

惣一郎每天的工作是用竹子皮把味噌包起来。有一天，他发现这些竹子皮在乡下都被扔掉了，然而，在横滨，这些竹子皮是有价值的，因为这里的人花功夫把它们洗干净、拉平、弄整齐，然后拿去卖。他心想：等一下！让我想想。自己从前之所以屡战屡败，几乎都是因为不走运或者缺乏周转资金。国家大事无力改变，但做生意不同，自己之所以破产，就是因为没能用销售款收回采购资金。如果采购价格极低，如果没有必要采购的

---

① 译者注：日本的一种调味品。

话，只要有劳动力就可以了，自己一个人干，卖出去多少，就有多少利润。

竹子皮几乎不要钱就可以弄到。决定了其一生的点子就是在这一刻冒出来的。想到就做，这是成功者的必备条件。跌跌撞撞地急着往前冲的才是"损一郎"。他在横滨住吉町（现神奈川县横滨市中区住吉町）开了一家经销竹子皮的小店。他去弄竹子皮，雇了一个年轻人，让其把竹子皮洗干净、拉平之后变成商品。他每天用扁担挑着10贯（约37公斤）的竹子皮去市场售卖，卖完之后，中午回店里一趟，下午再到处去收购竹子皮。

1872年，25岁的他娶了16岁的佐久为妻，回过头来看，她是一个非常好的妻子。总之，这对夫妻整天拼命劳作。惣一郎发现，在竹子皮的产地姊崎（现千叶县市原市姊崎）容易弄到便宜的木柴及木炭。竹子皮业务走上正轨之后，他又开始涉足薪炭生意。连存放木炭的仓库都没有的惣一郎想低价买入，然后尽快卖出去，赚一点儿钱。这就是他的行事风格。

他积极上门向大客户推销，天不怕地不怕或许也是取得成功的条件。惣一郎上门去县政府推销时，利用总务科的经办人私底下放高利贷这一点拉其入了伙。经县政府介绍，惣一郎结识了警察、医院、法院，甚至外国商馆等客户，打开了销路。1873年10月，他开了一家经销木炭的门面，这与他在老家取得飞速发展的时候非常相似。然而，不愧号称"损一郎"，他的一个大客户外国商馆倒闭了，欠了他400日元的货款。但是，惣一郎没有退缩，反而更加奋发图强。

这时，有人求惣一郎买下1250吨的煤炭，打听之后发现这一大批煤炭在水里泡过。经过砍价，惣一郎以每吨3.5日元的低价将其买了下来，然后一直把这批几乎等于白送的煤炭攥在手里。不久，煤炭供不应求，价格一路飙升。惣一郎看时机已到，就把手头的煤炭装上车，一下子都卖了出去，售价为每吨7日元。这笔生意传开之后，1874年6月，惣一郎剃去了丁髻[①]，有种说法是，他曾经说过存到1万日元就剃掉。至此，他终于摆脱"损一郎"的名号，跻身成功人士的行列。

---

① 译者注：日本的一种发型。

与公共厕所、煤焦油及涩泽荣一结缘

有段时间，惣一郎还经销过人的排泄物，做粪尿生意。他在横滨市内建了 63 座公共场所，把收集到的排泄物卖给周围的农民，据说月销售额高达 300 日元，当时，味噌 400 克才 10 钱，酱油 2 升才 20 钱。

1875 年，在大力销售煤炭的同时，惣一郎的眼睛盯上了早就成立了的横滨瓦斯局（现东京瓦斯公司的前身之一）把煤燃烧之后剩下的焦炭及煤焦油。瓦斯局很早就在为如何处置这些废弃物发愁，当时日本还不懂利用焦炭及煤焦油的方法。惣一郎心想：这些东西不要钱，量又大，难道没有什么废物利用的办法吗？自经销竹子皮以来，他对"变废为宝"的生意充满信心，于是，每天对着眼前的焦炭及煤焦油苦思冥想。他虽然不懂什么专业知识或技术，心中却有一个近乎信仰的执念：不论哪种废弃物，只要下功夫，就一定能够变成商品。

一筹莫展的惣一郎访遍了与自己有煤炭业务往来的乡镇工厂及认识的技术人员，他们说："国外已经将其用于火力，可是日本还没有认识到焦炭的作用。"得知可以变废为宝之后，惣一郎没花多长时间就让这些废弃物派上了用场。惣一郎跑到刚成立不久的工部省深川工作分局的水泥厂，大力劝说他们使用焦炭为燃料。可能是被他的执着感动了，经过试验及调查，水泥厂意外发现焦炭具有足够的烧制水泥的火力，于是不再像从前那样使用昂贵的无烟炭。惣一郎欢欣雀跃地来到横滨的瓦斯局，以每吨50钱的低价买了数千吨焦炭。

时间很快就来到了1877年，震撼全日本的西南战争爆发。战争开始之后，全国的汽船都被政府征用了，用于民间运输的汽船业务突然中断，主要是无法从九州运煤出来。这导致煤炭价格疯涨，每吨飙升到了30日元，焦炭的价格也自然而然地跟着涨了上来。

"损一郎"的这一招牌似乎可以丢掉了。惣一郎在向王子抄纸公司（后来的王子造纸公司）销售煤炭的过程中，得到了对其有知遇之恩的涩泽荣一的帮助。想一想后来的浅野财阀，这件事也许给他带来了更大的收获，涩泽为惣一郎创造了事业腾飞的契机。

在涩泽的帮助下，对惣一郎而言，困难重重的融资变得轻而易举了，还可以筹集到巨额资金。惣一郎于是远赴长崎，直接买下了所有的煤炭，从中获得了数万日元的巨额利润。关于他们俩的相遇，流传着下面这则故事。抄纸公司也试图将焦炭作为燃料，但不知为何失败了。正当他们为堆积成山的焦炭一筹莫展时，惣一郎出现了。他收购了焦炭，作为交换，抄纸公司从他手上购买煤炭。每当装煤的船一到，把这项劳动视为资本的惣一郎就会亲自去帮忙卸煤，所以全身变得黢黑。

即使已经积累了一定的财富，但一辈子都喜欢干活儿的惣一郎一定会出现在现场，他干活儿的样子令涩泽非常感兴趣。涩泽跟抄纸公司的领导提出想和惣一郎见一面，没想到，遭到了惣一郎的断然拒绝。他说："我白天都在争分夺秒地做生意，夜里还凑合。"总之，他没有时间，即使把不要钱的东西捡来拿去卖，惣一郎也不愿意趋炎附势。

如果涩泽是一个心胸狭隘之人，一怒之下下令不准他再进来的话，惣一郎可能就失去了一个重要的大客户。如果涩泽讨厌他的话，他作为实业家的生命可能就此终结了。然而，惣一郎没有"摧眉折腰"，依然我行我素。被他拒绝之后，涩泽反而越发想见他一面。他让人传话说，夜里来也行，总之希望他来一趟。于是，惣一郎真的夜里才去，而涩泽这时已经上床休息了。

与水泥的不解之缘

惣一郎打心眼里认为：每天睡觉时间超过 4 个小时的人是笨蛋，人应该 24 小时都在干活儿。实际上，如此不眠不休地干活儿的人在日本历史上非常罕见。惣一郎每天比家里的任何人都起得早，天亮之前就起床从横滨赶到东京去做生意，大家都进入了梦乡的深更半夜，他才大汗淋漓地回到家。他的爱好可能就是泡个澡吧。

对涩泽而言，惣一郎的这段话简直匪夷所思。"让我夜里来，我就夜里来了。可是，和说好的不一样。我浅野的夜里是从每天晚上 10 点过后才开始的。请转告您家主人（涩泽）10 点之前不是夜里。"话说到了这个程度，涩泽只好起来见了他。他对惣一郎的印象非常好，而且这种好感保持了一辈子。

惣一郎的"炼金术"越来越炉火纯青。焦炭业务取得成功之后，他非常兴奋，又开始致力于将另外一种废弃物煤焦油变为商品。瓦斯局一直为找不到处理煤焦油的地方而头疼，于是，惣一郎和他们签了一份为期5年的合同，规定：如果能够卖出去，每石①上缴50钱。他不知深浅就把煤焦油装起来，到处去推销，结果四处碰壁。他知道横滨中华街有人将煤焦油用来防锈、防腐，但其需求量微乎其微。惣一郎心想：看来这个也只有等待了。于是，一边拜托涂料商研究如何将煤焦油变为商品，一边等待时机。惣一郎心底的想法是，反正这个废弃物也不要钱，只要能够带来利润，就谢天谢地了。

做"变废为宝"的生意，心急火燎是没有用的。三年过后，再次爆发了曾经让他对行医感到心灰意冷的霍乱，用于消毒的石苯酚酸脱销。石苯酚酸的原料就是煤焦油，卫生实验所给惣一郎的订单"纷至沓来"，在大约3个月的时间里，每天早上都提走60桶煤焦油，之后装车拉走（每桶5日元）。

---

① 译者注：体积单位，1石相当于0.18m³。

惣一郎"变废为宝"的"炼金术"大获成功，过了一段时间之后，他又迎来了一个决定其人生的重要机会，那就是前面出现过的工部省深川水泥厂因为赤字而停产了。惣一郎曾经因为向他们提供煤炭及焦炭而经常出入其中，他怎么也不相信，这家雇有英国工程师且政府投入了21万日元的日本屈指可数的近代化工厂出现了赤字。在他这个"拼命三郎"的眼里，赤字最大的原因是这家"铁饭碗"的工厂经营涣散。于是，他找到涩泽，表达了希望将这家工厂转让给自己的意愿，但遭到了为其着想的涩泽的反对。这是因为，当时水泥的需求量有限，市场非常小。在人们的意识中，水泥不过是砌砖时用的黏合剂。

然而，惣一郎坚持己见，热心钻研。与焦炭及煤焦油一样，他亲自拜访水泥专家，耳听心记，逐步积累了很多专业知识。他再三劝说涩泽："即使为国家的将来考虑，也应该坚持把生产水泥这个事业搞下去。"提出了收购申请。经过与三井、三菱这两家"行业大鳄"竞争，政府决定先将水泥厂租给惣一郎一两年，然后根据情况转让。三井、三菱并不想经营水泥厂，而是看中了水泥厂的地皮。他们心怀鬼胎：三井想在那块地上修建仓库，三菱想建别墅。

成为水泥大王

与他们不同，惣一郎心里想的是，像从前的竹子皮、焦炭、煤焦油一样，挖掘水泥的用途，拓宽销路。利用地皮之类的想法对他来说是无稽之谈，只有将水泥物尽其用才有意义。他的这个提议及态度终于得到了认可。

惣一郎对水泥厂的热情实在令人佩服。他先将自己的住处从原来的横滨搬到了水泥厂的大杂院里，清晨5点开始在厂里转一圈，6点站在厂门口迎接工人们。为了强化工作纪律，他让人把上班迟到者的姓名写在黑板上，每个行政人员都要干几份工作，大家的工作任务都很重。在这种经营者手下干活儿的员工一定是很辛苦的。不过，惣一郎也非常为工人及行政人员的福利着想，通过公司内部存款的方式设立了备用金制度。

惣一郎是干得最多的那个人。他一天到晚和工人一起摸爬滚打，晚上还要学习记账，审核账本，准备第二天的工作。不管是工作狂还是铁打的人，这样干下去身体总有一天会撑不住的。惣一郎开始吐血，医生惊呆了提醒他说："这样下去的话，你会短寿的。赚钱和生命，你觉得哪个更重要？"惣一郎满脸为难地答道："可能的话，我两个都想要。"水泥厂运行得很顺利，2年后，正式转让给了惣一郎。

工厂得到了涩泽的投资，更名为浅野水泥厂。业绩进一步提升之后，1890年，惣一郎对工厂进行了改造和扩产。1893年，甚至在门司（现福冈县北九州市门司区）新建了一家工厂。这一年，他开始自称为总一郎。1898年，总一郎为了进一步扩大业务，将水泥厂改组为注册资本80万日元的合资公司。之后，水泥业务蒸蒸日上，他成了世人公认的"日本水泥大王"。

即便如此，总一郎依然奋斗在第一线，他的思想与屡战屡败的"损一郎"时代没有任何改变。他打心眼儿里喜欢做生意，从在横滨悟道以来，他不忘初心，醉心于"变废为宝"的生意，有了余力之后，就不断开疆拓土。

时间倒退到1886年，为了与当时试图垄断日本海运业的三菱抗衡，总一郎创办了浅野船运店。他低价增购了一些旧船，开始涉足海运业。三菱是海运业的龙头老大，拥有的几乎都是新船，所以任何人都觉得这是一场还未开始就胜负已定的较量。有人劝他说："对手太强大了，你还是算了吧。"然而，总一郎却悠然自得地坚持打好了这场商业战。他为什么能够做到这一点呢？实际上，他的船成本低，与废船相差无几，所以在速度上比不上三菱，但是运费低，有一定的市场需求，可以在夹缝中求生存。

安田善次郎帮了大忙

1896年6月2日，总一郎的东洋汽船公司成立。就任总经理的白石元治郎是一位1892年毕业于帝国大学的高才生，经涩泽介绍加入总一郎的麾下。白石是越后高田（现新潟县上越市）的士族子弟，从小就聪明过人，被人称为神童。

白石在求职时，看到总一郎穿着一件布满灰尘的工作服。总一郎对他说："你如果作为一名律师来当我的顾问，我可以给你高薪。你如果是想学习做生意，那我很在行，我倒想反过来请你每个月给我发工资。"他问："你的朋友中月薪最低的是多少？"白石回答说是司法官助理（转正前的见习人员）的 25 日元（不过，1 年之后转正的话，年薪为 600 日元），总一郎于是告诉他："那就给你 25 日元（相当于现在的 25 万日元）吧。"

入职之后，白石不得不穿着沾着水泥的工作服，系着围裙，累得像狗一样。过了 1 年月薪却一点儿不见涨。白石去找涩泽诉苦，涩泽说："他可能是忘了吧，我去说说。"结果，第二个月就涨到了 50 日元。不久，白石调到了浅野石油部，娶了总一郎的第二个女儿小满。后来，白石创办了日本钢管公司（现 JFE 工程公司）。

虽然煤炭、水泥业务做得风生水起，但总一郎试图进口原油的计划却以失败告终。1908 年，日本通过了石油进口关税法修正案，关税大幅增加，给总一郎带来了沉重的打击。总一郎因此与"石油王"的称号擦肩而过。因此，总一郎越发执着于东洋汽船公司的发展。他亲自参加了与美国的海运航线的谈判，在其盟友大川平三郎（涩泽的外甥、后来的"日本造纸王"）陪同下，成功地开通了旧金山与横滨之间的航线。

经济大萧条导致股价大跌，总一郎却向英国订购了三艘6000吨的大型客轮，计划将其用于一般只有3000吨的航线上，令周围人非常震惊。日俄战争之后，他决定购入两艘超过13000吨的巨轮。战争结束之后，美国对日本的态度急剧恶化，美国政府禁止日本人经过夏威夷移民美国本土，日本政府也严控日本人移民美国。对于东洋汽船公司而言，移民是大客户，公司主打的就是日美航线。两艘巨轮的建造费（分期付款）成了沉重的负担，出航一次就会亏数十万日元。

因为需要500万日元的融资，总一郎像以往那样去找涩泽帮忙，可是，涩泽这时已经表示要从银行（第一国立银行，后改为第一银行）隐退。总一郎又去找现任行长融资，因为金额太大遭到了拒绝。把总一郎从这场最大的危机中拯救了出来的是安田善次郎。

自成立以来一直有业务往来的涩泽的银行见死不救，而安田善次郎伸出了拯救之手。善次郎以3艘巨轮作为担保发行了公司债券，然后自己用800万日元购买了这些债券。光是船就有2000万日元以上的担保价值，况且每艘船还有政府奖励金。"有这些'陪嫁',肯定没问题的。"自此,总一郎与善次郎这对搭档引领了日本经济的发展,打造了大仓财阀的大仓喜八郎评论说:"浅野是机车,安田是煤炭。"

总一郎于1913年开始了鹤见、川崎150万坪①的填海造地工程。当时,说起填海造地,1万坪是基本行情。去为东洋汽船公司的日美航线谈判时,他惊叹于欧美港湾之大。总一郎把东京浅滩海岸填起来造了一个很深的港口,进而形成了一个大工业区。这个将汽船与港口、工厂及铁路连为一体的现在称之为京滨临海工业区的大规模开发是总一郎最值得歌颂的功劳,这项丰功伟绩支撑着如今日本和东京的发展。"这项临海工业积累是东京成为名副其实的国际大都市的能量来源。"

由于这项工程规模过于庞大,一直帮助浅野的"日本资本主义之父"涩泽也露出了难色。这时,安田善次郎亲赴实地调查了三天三夜,然后说:"这项工作对今后的日本必不可少。"善次郎充分肯定了这项工作的价值,

---

① 译者注:面积单位,1坪大致相当于3.3m²。

同意提供帮助。

造船与海运之梦

1912年3月，鹤见填海造地合作社（两年后更名为鹤见填海造地建筑公司）成立，1913年，工程开工，1915年完成了7万坪的填海造地工程。开始填海造地时，总一郎迎来了时代给他带来的机遇。受第一次世界大战的影响，1915年下半年开始，日本经济取得了飞速发展。继京滨临海工业区之后，年近七旬的他计划在横滨港附近建一家大造船厂。第二年，横滨造船厂（后来的浅野造船厂）成立。

最能体现其行事风格的一点是，造船厂的厂址都没有选定。于是，总一郎决定将造船厂建于自己填海造出来的地方（第六区），1917年4月举行了开厂典礼，同年7月很快就有1艘船下水。这一年建了4艘船，总计46000吨。人们极力称赞他："他的造船速度是日本历史上最快的。"

同年7月美国突然颁布了《钢材出口禁止令》（8月

向日本发出通牒）。参加了第一次世界大战的美国由于船舶数量不足关闭了门户，这导致90%依靠美国钢材造船的日本陷入了巨大困境。如果就此退缩的话，就不是总一郎了。他转念一想，在浅野合资公司新设了钢材部，1918年4月，他又让其独立出来成立了浅野钢铁厂。同一年，浅野同族公司成立，统管其所有业务的控股公司冉冉升起，这或许是仅次于三井、三菱、住友、安田的财阀总一郎的鼎盛时期。

74岁的总一郎邀请84岁的安田善次郎乘坐因德国的赔款而得到的太阳丸①号大型客轮一起周游了上海、马尼拉、香港。针对总一郎想在沿海地区建设工业区的计划，善次郎说："我一直认为，如果是你，哪怕借给你1亿日元（相当于现在的4000亿日元）也没问题。如果没有一个像你这么会用钱的人，日本的近代化将落后于人。我会全力支持你的，你就放手去干吧。"

---

① 译者注：又译为大洋丸。

"九倒十起"的人生

总一郎说:"'运气,是只要躺平等着就可以'的说法简直荒谬。运气随波而去,如果我们没有胆量舍命跳入水中抓住运气或者努力培育已经抓住的运气,运气是不会帮助我们的。"

没有想到的是,他果然验证了恩人山崎善次郎所说的要经历"九倒十起"的人生。他还是德川时代早期高僧天海的有名的信奉者。原因很简单,他想效仿活了125岁的天海僧正。因此,他日夜践行着天海提出的4条长寿秘诀——诚实、每天泡澡、粗茶淡饭、保持好心情。

1929年,已经81岁高龄的总一郎在杂志上发表了一句话:"我要干到125岁。"他在向别人介绍自己的一日三餐时讲,老当益壮的他为了保持旺盛的工作热情,每天的早餐是一合①牛奶冲燕麦片、味噌汤、三个鸡蛋、

---

① 译者注:相当于100毫升。

一碗米饭、水果、奶酪、红茶,午餐是鳗鱼盖浇饭或者天妇罗盖浇饭,再加上一碗面条,晚餐是以肉为主的西餐。在向周围人传授自己的长寿秘诀时,他说:"要时时保持精神愉快,朝气蓬勃。"

总一郎发誓要干到 125 岁,然而他一直依赖着的盟友善次郎却突然离世。1921 年 9 月 28 日,住在大矶别墅中的善次郎倒在了一个硬闯进来的陌生青年的利刃之下(享年 84 岁)。充满行动力,不停勇猛向前的总一郎之所以能够接二连三地大展宏图,都是因为其后半生得到了这位"银行大王"的鼎力支持。趁着第一次世界大战的海运热潮实现了大发展的东洋汽船公司,由于战后的报复性经济萧条而不得不将旧金山航线及南美洲航线拱手让给了日本邮船公司,变成了一家专门从事货运的小海运公司。这也是因为总一郎的靠山善次郎去世。失去了善次郎的支持,东洋汽船公司被日本邮船公司兼并。不仅如此,总一郎没有止境的创业也都被按下了暂停键。然而,他决不退缩。"九倒十起"的他开始策划向海外金融机构求援以填补善次郎的离世带来的损失。

1930 年 5 月,83 岁高龄的总一郎前往欧美视察,他从敦贺（现福井县敦贺市）出发抵达符拉迪沃斯托克，然后乘坐西伯利亚铁路横穿欧亚大陆。途中，他觉得身体不舒服，乘船旅行了 70 天后回国。即使如此，回国之后，他依然专程去问候自己的恩人涩泽荣一。看到他的样子，涩泽力劝他去大矶的别墅疗养。

总一郎搬到别墅之后，经医生诊断，得知自己患了食道癌。他当时的反应充分体现了他的行事风格。他说："原来是癌症啊？那我得快马加鞭地工作了。"10 月之后，他因感冒引发了肺炎，秘书北林惣吉在病床前精心照料着他。已经陷入昏迷状态的总一郎说了一句："煤炭能够炼出油的。"然后便永远闭上了眼睛。那是 11 月 9 日，总一郎享年 83 岁。他的恩人涩泽荣一活到了 1931 年 11 月 11 日，享年 92 岁。

浅野总一郎的墓位于鹤见总持寺内（现神奈川县横滨市鹤见区鹤见）。该寺是曹洞宗的大本山[①]，曾经位于能登凤至郡门前司（现石川县轮岛市），1898 年毁于大火之后，总一郎捐了一块土地将其搬到了鹤见。现在疾

[①] 译者注：位于总寺院之下，统辖小寺院的大寺院。

驰于京滨工业区的JR鹤见线曾经设浅野（总一郎）站、安善（安田善次郎）站、武藏白石（白石元治郎）站、大川（平三郎）站等与这些伟人的名字具有渊源的车站。

如今，在世界范围内，消费陷入低迷，服务行业的不少经营者都对今后能否继续走下去感到不安或绝望。实际上，当你觉得撑不下去了的时候就是一个机会或者一场新征程的开始。

浅野总一郎用自己的亲身经历证明了这一点。如果他生活在今天，生活在我们身边，一定会微笑着告诉我们："人生，就是九倒十起。"他激励着我们遇到失败不要泄气，百折不挠才能走向成功。

古河市兵卫

不学无术且冥顽愚钝，因抓住时机改变命运

应该隐瞒

人被卷入丑闻之后，往往会满口谎言。遭遇与自己脱不了干系的失败时，谁都会极力隐瞒。并不想指责隐瞒这个行为，如果经过权衡，觉得老老实实地坦白之后，外面的人会认为自己是"犯了错误的无用之人，所在的组织也是没价值的"，或者组织会给自己降级、降职，那么隐瞒也不是一件坏事。

在隐瞒之前，有一个希望大家了解的历史教训：隐瞒到底这个行为所需要的精力远远超乎你的想象。这是因为，自己心里会不停地想：要是当时老老实实地坦白就好了。这种按捺不住的悔恨之意会导致自己长期心力交瘁。历史证明，隐瞒会导致我们对失败的原因置之不理，从而弄不清楚为什么失败。这样的话，再次发生情况时，很有可能会更惨，最后就根本隐瞒不下去了。相反，历史上不少人在失败之后，老老实实地坦白，从而获得了重新挑战的机会。

与明治时期日本70%的企业有直接或间接关系的涩泽荣一曾经说过，"我的知己之中，有3个不学无术的成功人士"。他指的是三井家的大掌柜三野村利左卫门、人称"天下丝平"的田中平八[①]及古河市兵卫。接着，他又说："'不学无术'这个词听起来似乎有轻蔑之意，然而，我说的不学无术之人是指没有正规学习过之意，即没有按照顺序接受教育。"

涩泽所言的"不学无术"指的是那些没有接受过小学、中学、高中，甚至专科或大学的正规教育，早早走上社会，经过社会大熔炉的锤炼，逐渐读懂了社会这本"无字之书"，在商业领域充分发挥了天赋的人。

---

① 译者注：明治时期日本的一位生丝商人。

日本国学家本居宣长在其所著的《初山踏》中指出："勿因才疏、学晚、无暇而怠于思或停止思考。"我们可以认为"不学无术"指的就是不把自己没有才华，学习比别人起步晚，忙得不可开交作为借口为自己开脱，应勤于思考，不断学习。涩泽推举的上述三位"不学无术"之人都有了不起的地方。他们三人连报纸都看不懂，涩泽证实："三人虽胸无点墨，其成就却多非常人之可及。我认为，其中古河翁应占首位。"涩泽还证实说，他们三人都是老实人。再考虑到这一点，我们可以发现，他们都是不管被逼入怎样的困境，都能够排除"三十六计走为上""瞒天过海"这些选项的人，其中首推的是古河市兵卫。

1874年2月，《各府县汇兑机构设置手续及汇兑规则》发生了变化，规定承担汇兑业务的三井、小野、岛田三家豪商有义务提供相当于其存款1/3的担保。进入10月之后，政府又发布通知要求提供与存款等额的担保，而且提供追加担保的期限是12月15日。

这个消息对上述三家而言，仿佛晴天霹雳。三井已经事先知道了这个消息。有种说法认为，政府，尤其是当时的大藏卿大隈重信担心小野组一直管理松散，岌岌可危，如果将国库资金交由其保管，会收不回来，于是决定哪怕让小野组破产，也要通过担保收回国库资金。当时刚成立不久的涩泽荣一的第一国立银行是由小野组和三井各出资一半成立的，小野组倒闭，很可能会导致第一国立银行破产。当然，负责银行运营的涩泽可能事先听其在大藏省工作时的上级井上馨说过小野组岌岌可危，然而，注册资本 244.8 万日元的第一国立银行当时已经给小野组提供了高达 130 万日元的贷款。

三井与井上之间可能事先已经另行谈妥了由政府出力挽救第一国立银行的方案，不过，涩泽并不知情。走投无路之下，涩泽让人通知小野组的负责人来一趟，当时来的就是与三井大掌柜三野村利左卫门地位相同、后来以一己之力打造了古河财阀的古河市兵卫。当然，对市兵卫而言，这是一场突如其来的灾难。

因小野组外迁案变得身无分文

早早就支持讨幕派萨摩藩和长州藩，即日后新政府中的萨长藩阀的小野组与三井组、岛田组一起被新政府任命为汇兑机构，负责全国的公款业务。这是因为新政府还没有信誉，于是借用了这三家从旧幕府时期就赫赫有名的豪商的"信誉"。

当然，参与其中的商人不会让钱闲置在手上，况且还可以无息使用这些巨额的政府资金。所以，这三家都把这些钱活用了起来，小野组将这笔源源不断的政府资金投到了生丝及矿山经营之中。然而，政府突然改变了方向，要取消已经委托给这三家经营的汇兑业务。业务虽然越做越广，但是手头并没有现金。政府明明知道这一点，依然下发了通知。市兵卫了解到这场对小野组造成重创的破产背后另有原因，那就是后世称为京都府参事槙村正直的小野组外迁案。

日本屈指可数的豪商小野组担心因天皇东迁而业务衰退，出于为将来着想，将其两名同族的户籍从根据地京都迁往东京，又将一名迁往神户。京都府政府部门对这个做法极尽刁难，不同意其外迁申请。这是因为京都府认为小野组迁走会影响京都府的税收等。不知所措的小野组于1873年5月27日根据1871年颁布的司法省第

16号令的规定：外迁如果受到地方官员的妨碍，可以向法院或司法省提起诉讼。以"难办案件"的名义向京都法院提起诉讼，希望批准外迁，市兵卫这才意识到祸端所在。

时任京都府（三品官）知事的长谷信笃是公卿出身，不懂行政事务。问题出在实际掌管京都行政、长州藩出身的府参事（五品官）槙村正直。槙村20多岁就任职于藩公安警察系统，还在藩里担任过检察官。"八一八政变"之后，尊王攘夷激进派的"七卿"逃离京城时，他曾前往两行政区交界处迎接。1868年，槙村出任议政官（立法府），后来议政官因机构改革而被废止。经长州派木户孝允的举荐，他赴京都府任职，历任权参事、大参事、参事之职，一路青云直上。槙村深受与政府平分天下的长州派首领木户的信任，尤其与老乡井上馨关系密切。槙村留着钟馗胡，长相很吓人。

当时38岁的槙村掌控着京都府，与其针锋相对的小野组向刚成立不久的京都法院提起了诉讼。对槙村而言，这完全是寻衅挑事，而坚信法律面前人人平等的肥前佐贺藩出身的江藤新平却极力支持小野组。

担任审判长的北岛治房判长谷知事及槇村参事各20日徒刑（知事判罚赎金8日元，参事6日元）。实际上仅令其支付罚金。但两人不服，对判决置之不理。于是，案件上诉至司法省的临时法庭。正在讨论通过何种形式对长谷及槇村进行判决时，法院强行拘留了槇村。木户对此举怒不可遏，向太政官提交了一份长长的意见书，江藤毫不让步，事情陷入了僵局。

槇村的这件事是司法卿江藤领导下的司法省为了严厉制裁在新政府中为所欲为的长州派高官而发动的一场改变了形势的政治斗争。然而，江藤后来与西乡隆盛一起下野，放弃了自己的权力，最后又在佐贺之乱中大败，被萨摩派将帅大久保利通处死。

槇村1873年12月出狱之后，依然按捺不住心中的怒火，颜面扫地的长州阀也不肯放过挑起诉讼的小野组。他们翻手为云覆手为雨，突然提出"还我公款"，小野组因此垮台。

对市兵卫而言，哪怕再气愤，泪水再苦涩，也没有必要老实巴交地面对后台"老板"长州派的第一国立银行。为了能够东山再起，他也应该尽量对涩泽隐瞒资产。世人肯定不会责怪市兵卫撒谎或瞒天过海的。市兵卫可以说："我没错。倒闭是长州藩阀一手策划的。"不仅是他，很多人都会找理由为自己的行为开脱。

考虑到今后的发展，被人称为倒闭了的小野组的大掌柜明显是一个不利因素。哪怕受鄙视，在找到下一个人生计划之前，作为一种权宜之计，暂时躲一躲，一问三不知也未尝不可。然而，市兵卫却老老实实地和盘托出了。下面是涩泽的证言。

老实人前半生悟出的道理

小野组于1872—1873年迎来了鼎盛时期，然而由于业务铺得太广，一些不靠谱的业务占用了资金，政府的存款被严厉追回，1874年陷入了不得不关门的境地。……我（涩泽）为业界、为银行感到非常痛心。这时，古河翁告诉我们哪个仓库有多少米、有多少生丝，主动提供了与贷款等值的抵押物。第一银行（第一国立银行）因此度过了这场危机，损失也不大。破产时，世人一般都会试图将自己的东西藏起来，这是人之常情。然而，古河翁不但没有隐藏，反而主动提出提供抵押物，一定不让我们吃亏。他实在是一位堂堂正正的男子汉！若非诚实勇敢之人，到底不会有这种气魄。我非常佩服他的这种性格。(《涩泽荣一传记资料》)

1874年11月，小野组倒闭，市兵卫变得身无分文。他个人积攒的1500余日元因为存在小野组，被政府全部没收了，人人都等着看他的笑话。当时，市兵卫44岁。古河财阀就是从一穷二白中发展而来的。在美国作家玛格丽特·米切尔的小说《飘》中，主人公郝思嘉最后说了一句名言："明天又是新的一天。"市兵卫当时的心情就是这样的。

为了证实这一点，我想回顾一下他的前半生。古河市兵卫1832年3月16日生于京都冈崎黑谷本山金戒光明寺（现京都府京都市左京区黑谷町）的门口，幼名巳之助。18岁去盛冈时，他改名幸助，1858年去当养子时改姓古河，并借此机会改名市兵卫。

其亲生父母姓木村，开了一家号为"大和屋"的店铺，从事酿酒业务，祖祖辈辈担任冈崎村的庄屋。市兵卫的父亲放荡不羁，导致家道中落。市兵卫从懂事起就挑着一根扁担走街串巷卖豆腐，生活穷困潦倒。

市兵卫是家里的第二个男孩，其兄讨厌家里的事业，立志从医，后来29岁就死了，徒有虚名的大和屋后来由市兵卫的弟弟小三郎继承了。每天食不果腹，市兵卫差点儿为了糊口被送去当和尚。他说："我要当一个生意人。"主动挑着扁担，带头去卖豆腐。从11岁开始，他卑躬屈膝地做了一段时间的"生意"，卖豆腐时可怜兮兮地说："行行好，买点豆腐吧。卖不出去的话，我爸要骂我的。"如果市兵卫安于现状，没有走出这种环境的想法，就不会有日后的古河财阀。很可能他充其量只能通过勤劳的双手重振大和屋，回到祖父那一代打下的江山里了此一生。

11岁的市兵卫迎来了一个转机。有一天，他与一个轿夫相撞，碰翻了扁担上挑着的豆腐箱，弄碎了一些豆腐。两人相撞，对方也有一些责任，但轿夫趾高气扬。市兵卫像往常一样求情乞怜，卑躬屈膝地低下头告诉对方自己可以在分量上让些步，求对方买一些碎豆腐。

幼小的他心里想的是："我一定要出去闯荡，当一个名人。"这就像一句谚语说的那样"笑着过是一辈子，哭着过也是一辈子"。市兵卫的理解是，正因为自己做的是挑着扁担卖豆腐的生意，那个轿夫才那么盛气凌人的。夏目漱石在其名著《心》中斩钉截铁地说："精神上没有上进心的人是笨蛋！"市兵卫开始不能接受自己的境遇了。于是，他到鞍马寺的毗沙门天①许愿，求神仙保佑自己出人头地，并开始每月寅日去参拜。18岁时，他带着毗沙门天赐予的恩惠离开了故乡。

运钝根②的修行

从后来的情况来看，他的运气是继母带来的。市兵卫的亲生母亲在他7岁时就离开了人世，11岁时第一个继母去世，12岁时，第二个继母来到了家里。她哥哥在

---

① 译者注：日本七福神之一。
② 译者注："运"指时来运转，"钝"指冥顽愚钝，"根"指锲而不舍之意。

盛冈担任豪商井筒屋（后来的小野组）的总经理，幕末财政破产了的24.7676万石俸禄的盛冈藩南部家将这个名为木村理助的总经理提拔成了名义上的藩士，以讨好井筒屋。木村理助听说自己的妹妹卧床不起，前往探视。看到这位手持长枪还带着两把刀"威风凛凛的武士"，市兵卫坚信这就是毗沙门天的指引，他想远上盛冈去投奔这个舅舅。

后人可能会认为，他投对了人。井筒屋是日本屈指可数的豪商，总店位于京都，经营钱币兑换及生丝业务，在全国都设有现在所说的销售网。18岁的市兵卫存了3分2朱[①]的路费之后，就攥着这笔钱于1849年9月离开了京都，向北朝奥州奔去。他一直在盛冈待到了1857年，也就是26岁那年，他的工作是给舅舅打杂，说白了就是催债。

他以为能够在大名鼎鼎的井筒屋盛冈总经理的手下干活儿，却不承想理助于1846年从井筒屋辞职，在盛

---

① 译者注：江户时代的货币单位，1两=4分=16朱。

冈藩拿着一份5人扶持①的俸禄，担任勘定吟味官②。他还放骇人听闻的高利贷做副业，年息高达25%，3年即可翻番（当时没有规定上限）。市兵卫被赶着到处去催债。他那种收不回来誓不罢休的态度很快就受到了舅舅的赏识，也传到了盛冈鸿池屋分店总经理那须东五郎的耳朵里。

鸿池屋实力不在井筒屋之下，是名震四方的大阪豪商的代表。他们对理助说："把您的外甥借给我们店用一用吧。"然后便挖走了市兵卫。市兵卫真是了不起，当时他21岁左右。日后进入成了财阀的古河工作的名为井上公二的人在谈及市兵卫的口号"运钝根"时曾经说过下面这段话。

古河翁所说的运钝根也许并不是他独创的说法，而是因为他总是挂在嘴上，传来传去之后，一说到运钝根，人们就认为是他创造出来的说法了。

---

① 译者注：江户时代的一种俸禄形式。每人1天的禄米为糙米5合，每个武士按人数不等的禄米计算年薪。
② 译者注：相当于财务审计官。

古河翁从小就做过各种事，一直觉得自己非常冥顽愚钝。不过，他认为自己虽然没有学问，又蠢又笨，但蠢材只要老老实实地干，就没有什么事干不成。也就是说，蠢材也可以成大事，自己虽然做事不机灵，但只要锲而不舍地干下去，就可以干成任何事。

天运必不可少。正如"尽人事听天命"，我们只有等待天命。成功是在尽自己所能之后，待天命而得。运、钝、根，这三点缺一不可。他自始至终抱着一个想法：试图通过耍点小聪明、略施小计获得成功的想法绝不是成功的要谛。(《古河市兵卫翁传》)

这是贯穿了市兵卫一生的行为准则。也许他是在催债，或者第一次在鸿池屋采购生丝等工作中悟出的这些道理吧。他得到了 30 两的奖励，可以看出，他是多么精力旺盛、不辞辛苦地奔波在一个又一个村子里。

由于南部藩的财政破产，鸿池屋被卷入了挤兑风波。杀气腾腾的人们涌到店里，吵着不要藩钞，要现金，总经理及众多店员吓得脸色铁青躲进去了。这时，只有市兵卫勇敢地站了出来，对客户们说："请大家等一等，我们会从大阪的店里调钱来。"回过头来看，市兵卫的成功可以说是因为他临危不惧。无论什么时候，不论什么情况，都绝不逃避，这种"冥顽愚钝"与"锲而不舍"最后让他"时来运转"。换而言之，让他最后"时来运转"的是他的实力。

鸿池屋盛冈分店关闭之后，市兵卫又回到了舅舅身边，可能他又被指使着去催债了，百无聊赖地打发着日子。然而，他并没有消沉。人生应该多做善事，"赠人玫瑰手有余香"。理助把这个外甥当作牛马一样随意使唤，然而他看人的眼光很准，人脉也很广。原来的鸿池屋如此，后来成了市兵卫养父的古河太郎左卫门重贤也是如此。

和理助一样，太郎左卫门也不是生下来就是武士的。他出生于近江国高岛郡安养寺村（现滋贺县高岛市新旭町安井川），曾供职于京都井筒屋，担任过理助的上级。他是一个对生意严要求的人，之前曾经收过3个养子，但都逃跑了。当时，太郎左卫门正在福岛做生意。

吝啬的舅舅给了市兵卫25两钱就把他送到大阪去

了。理助并不是一个坏透了的魔鬼，太郎左卫门也不是一个刻薄的人，他只是对生丝采购有着严格的要求。市兵卫当了他的养子之后，在他手下接受了严格的训练，学到了经商之道。"古河市兵卫"由此冉冉升起，当时他27岁。

离开小野组另立门户

当时鸿池屋已经在做生丝采购业务。市兵卫想到了一个方法，可以比周围人提前得知江户与上方地区生丝价格的差额，同时还做了一些其他业务中饱私囊。他已经有了独立的念头。

1862年，养父太郎左卫门因中风而瘫痪不起，市兵卫开始独自采购生丝，井筒屋的总店也密切关注着他这个古河家养子的一言一行。经过判断，井筒屋认为他办事可以放心，于是把奥州的采购业务都委托给了他。31岁时，市兵卫一举荣升为井筒屋采购主任。

幕府末期，幕府转向了开国政策，与欧美各国签订了友好通商条约。不管是和哪个国家签订的条约都是不平等的，日本因此丧失了治外法权、关税自主权等。因为是炮舰外交，所以日本还没有做好准备，海外贸易开始之后，日本国内的物价疯狂上涨。最大的出口商品生丝的价格像脱缰的野马一样一路飙升，因此尊王攘夷派的志士们认为经销生丝的井筒屋是日本国内的害群之马，对其恨之入骨，喊出了"奸商！天诛！"的口号。屡次陷入危险之中的井筒屋于是表面上装作从生丝业务中退出来，专心于钱币兑换，背地里却安排市兵卫偷偷出口生丝牟利。这也是一种权宜之计。

仔细想想就可以发现，市兵卫的生意在本质上与他舅舅放高利贷时的催债是一样的。不是商业精英的市兵卫只有挺起胸膛坚持自己的立场。历经艰辛迎来了明治时代之后，市兵卫送走了养父，并与井筒屋即小野组分道扬镳，另立门户。受到赏识之后，一直从事生丝业务的市兵卫为了提高生丝质量，于1871年聘用了已经在前桥藩做出了成绩的瑞士工程师穆勒，在东京筑地创办了一家60人缫丝的生丝厂，这是日本第一家民办生丝厂（后迁至信州）。

他还通过"以胆大多谋而闻名的商人"冈田平藏涉

足了采矿业。冈田本来是一个生丝商，胆子特别大，幕末戊辰战争打得最激烈的时候，他还跑到奥州去采购生丝。1872年，他计划去经营秋田县阿仁、院内、尾去泽等地的矿山，资金仰仗豪商小野组。市兵卫代表小野组赶赴实地，双方共同开始了这项事业。市兵卫就是在这个时候开始从头了解矿山经营的。

1874年，其左膀右臂冈田去世，已经拥有了13座矿山的小野组将经营权全部交给了市兵卫。当然，一直专注于金融及生丝领域的小野组除了市兵卫，也找不到其他懂得新开拓的矿山经营业务的人才。矿山经营后来成了明治日本推进经济发展的原动力。故事如果这样发展下去的话，市兵卫一定会与三井的三野村利左卫门一样作为小野组的大掌柜而流芳后世，然而实际情况并非如此。小野组倒闭之后，老实巴交地把老底拿出来做了担保的市兵卫连自己的个人财产都被没收了，落得个身无分文的下场。

市兵卫比任何人都清楚自己没有文化，既不会写，也不会算，且眼看着50岁了，应该没有人会聘用他了，况且他还是一家倒闭公司的高管。他心想，除了自立门户，没有其他的路可走了。后来，他在回忆这段日子的时候说："我做梦都在苦思冥想。"市兵卫在以往的实践中学到的经商之道是将精力以相同的比重用于生丝和矿山这两项业务上，然而他现今身无分文。

经营上横冲直撞

幸运的是，由于在处理小野组破产时态度非常诚实，市兵卫得到了涩泽的信任。涩泽很重视"第一国立银行的恩人"市兵卫，通过融资将被政府没收了的小野组采挖的矿山转让给小野组的债权人并交给其经营的方式，然后让市兵卫重返社会，并接二连三地把几家矿山交给他经营。

市兵卫虽然后来被称为"铜矿大王"，但起初主打的是生丝生意，而不是矿山。"生丝行情忽上忽下，遭受了重大损失"，于是转向了矿山经营。从结果来说，矿山业务虽做得很成功，但过程却充满了曲折。没有专业知识积累的市兵卫凭直觉匆匆忙忙地收购了一个又一个矿山，其中不少矿山怎么挖都挖不出东西来。涩泽证明了这些事情。

在草仓（现新潟县东蒲原郡阿贺町鹿濑）取得成功之后不久，他又从土州一个名叫岛本仲道的人手里买了谷花（现阿贺町谷泽）银矿。他来找银行融资，我觉得那份合同存在风险，于是苦口婆心地劝他别买，他却听不进去。结果，我们虽然为其提供了5万日元左右的融资，终归是看走了眼，亏了一大笔。于是，我略带抱怨地对他说出了我的想法："我说的没错吧？我得说你两句，你那样做会让我为难的。"听了我的这番话之后，他说："你错了！智者千虑必有一失。既然要把矿山当作一项事业来做，5万日元（相当于现在的10亿日元）也好，10万日元也好，20万日元也好，亏了就亏了。如果没有这个觉悟，就做不成大事。亏了5万日元就训人，对想通过矿山实现自己远大理想的人来说，这种抱怨实在是过分。"我说："也许是我说多了，但还是希望你稍微注意一下。"他说："我会注意的，但是我亏了一点钱，你就批评我，这实在是不讲道理。"他万事都是这个样子。

往好的方面说，他勇往直前，但是他从不听别人的忠告。心里忐忑不安的涩泽利用古河各个矿山的矿长聚到一起的机会恳请大家："请尽量不要劝市兵卫搞新业务。"

他之所以没有能够制止市兵卫这种鲁莽的经营，其原因之一是市兵卫没有自己的孩子，家庭不太幸福。市兵卫收了他在小野组时认识的陆奥宗光的第二个儿子润吉为养子。由于生活上找不到寄托，市兵卫把经营矿山当成了自己的爱好，毫无顾忌地直言矿山就是自己的生命。他说："我打算今后将继续竭尽自己的财力进一步扩大业务，直到生命的最后一刻。不仅是日本国内，我还想把触角伸到外国去。"

1877年，市兵卫决定收购栃木县的足尾铜矿，这家铜矿构成了日后古河的核心业务，是由他与旧中村藩主相马家共同开采的。起初，在大家的印象中，这座铜矿几乎就是一座废矿，世人冷嘲热讽地说："他为什么接下了这样一个破矿呢？显然是会失败的。"的确，坑道深挖工作，矿工们的一些老习惯像是一堵堵难以翻过的高墙给他带来了深深的困扰。然而，就像他从前的人生一样,他绝不逃避、绝不泄气。笔者一直认为,衡量一个人的度量的标准在于身处逆境时有多强的忍耐力,能忍多久。

晚年的荣光、挫折及重生

1881年,足尾铜矿发现了鹰巢矿脉,实现了产量翻番,3年后又挖到了横向分带的大矿脉。市兵卫执着于彻底实现矿山的机械化及近代化,成了名副其实的日本"矿山大王"。

1877年,足尾铜矿的年产铜量为46吨,11年后达到了3783吨,1888年甚至与英国怡和洋行签订了19000吨的出口合同。1888年,足尾铜矿的产铜量占到了日本总产量的1/3。市兵卫一直坚持着一条路走到黑,不断进攻的经营方针。然而没想到的是,1890年出现了矿毒问题。这一年,大洪水导致流经足尾铜矿的渡良濑川决堤,第二年出现了粮食歉收。周围的村民发现原因就是足尾铜矿产生的矿毒。第二年,栃木县选出来的众议院议员田中正造在第二次帝国会议上提出了这件事,1901

年12月,他在东京日比谷碰到了从帝国议会开幕式回家的明治天皇,直接向天皇进行了汇报,于是全国都知道了该矿的矿毒问题。

政府反复命令古河修建预防工程。市兵卫遵守政府命令,认真制定了计划。然而渡良濑川的治理是规模空前的大工程,真正实施是1910—1925年,因为时已晚激起了公愤。关键人物市兵卫却中途倒下了。他是一个本质上老老实实的人,这场公害问题击垮了他。因患胃溃疡,市兵卫于1903年离开了人世,享年72岁。

这也不足为奇。对于市兵卫而言,正如其直言的那样:经营矿山是他人生的一切。岁月不饶人,他去巡视众多的古河自营矿山的次数越来越少了,但是他依然准确无误地记得各矿山的细节,还坚持学习。他还通过书信与各位矿长保持着密切的联系。总之,他对矿山的经营管理情有独钟。这是他最大的快乐。凭一己之才智做决断是市兵卫的作风,是其他人都学不会的。

养子润吉继承了他的事业,除主打的矿业,1905年开始涉足制砖用的焦炭、铜的电解精炼及铜线生产等与矿山相关的业务。他成立了古河矿业公司,对古河进行改革及完善之后，将其由个人事业转变为了公司。

古河矿业公司于1911年更名为古河联合公司，触角伸向了贸易行业，其业务扩张步伐之快让人想起了从前的小野组，后来改组成了康采恩①。后来，矿业部门分离出来成立了古河矿业股份有限公司，不久又更名为古河电气工业公司，其铜产量在日本五大公司中占有一席之地，是古河财阀的主要支撑产业。

1917年，东京古河银行成立（1922年更名为古河银行），古河成为仅次于三井、三菱、住友、安田的财阀。不过，与其他财阀不同，古河以矿业及重工业为支撑，因此世人称之为产业财阀。第一次世界大战之后，古河商事公司因大豆及豆饼贸易出现巨额亏损而退出了贸易行业，1931年古河银行也关门了。

即使如此，古河还是培养了一些日本代表性企业，例如其直系公司古河电气工业公司、旁系企业富士电机

---

① 译者注：康采恩一词源自德语，原意为多种企业集团。这是一种规模庞大而复杂的资本主义垄断组织形式。它以实力最雄厚的大垄断企业或银行为核心，由不同经济部门的许多企业联合组成，范围包括十个以至数百个矿业、贸易、银行等企业，是金融寡头实现其经济上统治的最高组织形式。

制造公司（现富士电机公司）、横滨橡胶制造公司（现横滨橡胶公司）、日本轻金属公司、富士通信设备制造公司（现富士通公司）等。九泉之下的市兵卫一定会心满意足地说："运钝根，这就足够了。"

第二章 危机管理力

三野村利左卫门

善于收揽人心，重振三井雄风

危机突如其来

新冠疫情突如其来，面对这场史无前例的危机，很多人茫然若失、束手无策，这也不足为怪。然而，纵观历史就会发现这些苦难对于创业家或者企业家而言司空见惯，例如江户时期的豪商三井家就是如此。

世人都知道幕府末期及明治时期走过艰辛岁月而冉冉升起的三井财阀，却不太了解其母体的三井家。它在幕府末期曾经和众多豪商一样濒临倒闭。不仅是三井，天下的豪商都受到了德川幕府的横征暴敛。幕府征收的御用金把三井逼到了灭亡的边缘。

三井家的创始人三井高利创办了越后屋吴服店，打出了"现金交易、价格便宜、童叟无欺"的口号，其明码实价的销售策略大获成功。他还顺带开始经营总钱庄，生意越来越大。

担任了幕府金银兑换御用商的三井作为御用商人，依靠幕府的威望和权力日益发展壮大。除御用汇兑、总钱庄业务，三井还从事贷款业务，老本行越后屋吴服店也财源滚滚。三井因此成了名震四方的豪商。然而，幕府末期，幕府政权开始动摇，以往的优势摇身变成了劣势，三井的名声由此一落千丈。

天保改革失败、俄罗斯船出没于日本近海、佩里黑船来航等事件导致民不聊生，人心惶惶，社会动荡不安。越后屋的销售深受影响，门可罗雀。总钱庄的客户是幕府或各藩，利润则源于与高利贷进行金银兑换时收取的手续费。由于利率逐步走低，手续费的盈利空间也越来越小，总钱庄的业务量大幅减少，不良债权却越来越多。货币经济政策弄垮了一直奉行大米经济政策的幕府，幕府及各藩财政入不敷出，实际上已陷入破产。

然而，幕府并没有果断进行根本性的财政改革，而是希望通过老一套的缩减开支解决眼前的麻烦，同时大肆向豪商征收御用金。1838年，幕府向三井摊派1.2万两，三井如实缴纳；5年后，摊派1万两，1854年摊派20万两，同年又摊派5000两，幕府的"敲诈勒索"无休止。三井并不是幕府的摇钱树，有利润才有钱上缴，然而三井的销售却停滞不前。

三井虽为豪商，也终于难以为继，于是申请将1854年的御用金分10年缴纳。幕府同意了这一申请，然而，贪得无厌的幕府还不肯罢手，1864年，狮子大开口地要求三井缴纳100万两。三井四处周旋，试图满足幕府这个蛮横无理的要求。没想到，幕府这边话音未落，那边又于第二年，即1865年要求三井再缴纳1万两。无奈之下，三井提出先缴300两。1866年，幕府再次蛮横无理地要求三井缴纳150万两，这次，御三家中的纪州藩也趁机向三井摊派了2万两。

三井已经穷途末路。面对这个突如其来的困境，三井的"救世主"三野村利左卫门登场了。从幕府末期至明治初期，他独自支撑了处于动荡之中的三井，屡次从危机中拯救了主家，几乎以一己之力为三井财阀奠定了基础。然而，他的前半生却充满了迷雾。

在扑朔迷离的前半生掌握的生存法则

关于三野村的出生地,有两种说法,一是信浓(现长野县),二是出羽鹤冈(现山形县鹤冈市),其出生时间大概为 1821 年。他小时候的情况无人知晓,据说名字也是他去江户之后自称为"利八"。

有人说,他起初受雇于伊丹(现兵库县伊丹市)的一家酒厂,1839 年从居无定所的北陆路进入江户,在深川的干沙丁鱼批发店丸屋打工,包吃包住。他干活儿很卖力,深受赏识,经与丸屋有亲戚关系的金币铸造厂后藤家举荐到骏河台的旗本小栗忠高手下当了一名工头。小栗家的嗣子就是幕府主战派的巨头且位高权重的小栗上野介忠顺。他在幕府"行将就木"时,作为幕府的勘定奉行大显身手,大刀阔斧地开展了幕政改革,亲自兼任步兵奉行,还是恭顺派胜海舟的政敌。

三野村比小栗忠顺年长 6 岁,他们的关系有如下描述:"忠顺当时 10 多岁,还住在家里,无事一身轻,再加上俩人年龄相仿,所以比较轻松地超越了主仆之间的鸿沟。他俩有一个共同点，那就是求知欲强，这使他们有更多的机会进行对话，惺惺相惜。"在小栗家当工头的三野村被在神田三河町（现东京都千代田区）做砂糖及食用油生意的纪国屋美野川利八看中，与其女儿奈加结婚当了上门女婿。据说，他由此袭用了"利八"之名。有种说法，他是在小栗忠顺的推荐下变成了纪国屋利八的。

三野村利左卫门在这之前的经历如五里云雾，难知其详。不过，我们还是可以推测出其心路历程。利八小时候的生活肯定不同寻常，他无依无靠地被抛入了社会，漂浮不定，一定尝尽了世间的辛酸。然而，在痛苦的挣扎中，他掌握了生存的智慧。为了得到别人的认可，利八到江户之后，老老实实、勤勤恳恳，令人感动。他一辈子都不曾理睬周围人的挖苦讽刺、闲言碎语和白眼。他总是充满活力，精神抖擞，敏捷地捕捉别人的喜好，善于察言观色和收揽人心。这些卓越的才能集中体现了他在这段扑朔迷离的岁月中学到的本领。

当然，收揽人心，或者说笼络、拉拢并不像旁人看到的那么简单。为了达到目的，有时要孤注一掷，换而言之，就是要拼上身家性命。他说："人终归只能尽人事听天命，不行就算了。"这种奋不顾身、坚韧不拔的精神让利八取得了成功。

三野村，也就是如今的纪国屋利八走街串巷去卖妻子做的金平糖，零零碎碎地攒了一点儿钱后，买了股票，然后经营钱庄。他的钱庄虽然规模很小，但因为经常出入旧主君小栗家，小栗忠顺担任了勘定奉行之后，他的好运也随之降临。有一天，利八在小栗家听说最近将发布一则告示，与欧美列强做贸易时，1两天保小判兑换3两1分2朱的万延小判。利八心想："如果大量收购天保小判，就可以翻两倍多。"他把手头的资金都拿去收购天保小判，资金见底之后，又把收购的天保小判抵押给葭町的葭屋钱庄，再用借来的资金加购天保小判。

他把收购的天保小判拿到了"行业大鳄"三井钱庄，据说是借助了葭屋老板林留右卫门曾经当过三井的二掌柜这层关系。当时，出来接待利八的是总掌柜齐藤专藏。齐藤不愧是三井的总掌柜，一眼就发现了利八的才能。他像发现了救命稻草一样，向利八介绍三井处于危急存亡之秋，希望得到利八的帮助。利八的第六感告诉他，这里将是他人生的战场。凭着关系，他跑去找到了小栗忠顺。还是来聊聊他的这座靠山。

小栗忠顺的过人之处

小栗与胜海舟是政敌。换个角度来看的话，下面这种解释可能更接近史实：幕府利用其中一方，发现它不听使唤就收手，转而利用另外一方。通过这种类似于跷跷板游戏的方法让两者竞争，让他们变成政敌。

例如，1863年4月23日，海舟当面从第13代将军德川家茂手中拿到了成立神户海军操练所的批文，这一天对他而言是最高兴的一天，而就在当天，作为幕府重臣的勘定奉行兼步兵奉行小栗被罢免。事情还没有完，1864年11月10日，海舟的军舰奉行一职被罢免了，而当天小栗提出的建设横须贺铁厂的建议正式得到了幕府的认可。总之，幕府里没有可以同时用好海舟和小栗的领导或大人物。

在幕府中明确拍着胸脯提出"日本也必须建设一个

铁厂"的小栗比海舟更了解欧美列强。很多人现在依然有一种先入为主的偏见,认为产业革命刚起步的18世纪70年代,仅纺织及织布两个领域出现了由机械的发明及使用带来的生产方式的革新,从总体来看,产业革命不过发生在纤维工业这一个领域。就算发动机,也仅出现了蒸汽发动机。

一般人想象中的产业革命,即整个产业的机械化是19世纪后半叶才得以实现的。正式迎来这个时代的前提条件是建立了可以廉价并大量提供用于机械制造的材料铁的供应体系。

小栗比任何日本人都更早地知道了这个要点。他通过兰学①家从有形之物了解到了西方文明,然后不断学习积累。经常有人批判说:"直参旗本们真是扶不起的阿斗,碰到多事之秋,没有一点儿用。"这句话是在指桑骂槐地说幕府无能,然而对于这些从德川家获得俸禄的人而言,这个要求实在太过分。在由德川家康开辟的幕

---

① 译者注:兰学指的是江户时代经荷兰人传入日本的学术、文化、技术的总称,江户幕府锁国政策时期(1641—1853年),日本人通过兰学了解到了西方的科技与医学等。

藩体制下，最大的主题就是太平无事。说得极端一点的话，旗本们从小接受的教育就是做事要小心谨慎，把祖辈们传下来的家禄顺利地传给下一代。

因此，顺理成章地从根本上出现了当一天和尚撞一天钟的家风，社会上甚至广泛流传着枪打出头鸟的论调。不知为何，一旦出现了一个优秀人才，就会被政敌盯上，这些直参们认为，一个人越活跃，就越会被减薪，说不定还会家破人亡。这种专注于守成的态度持续了250年，怎么会涌现出有霸气、有骨气的旗本呢？的确，幕末局势动荡时期，直参幕臣中涌现出了胜海舟，其曾祖父是越后的盲人按摩师。海舟的师弟，也就是同样活跃于明治政府中的榎本武扬，其父是从町人①变为幕臣的。除他俩，涩泽荣一、被称为"日本邮政之父"的前岛密、新选组的土方岁三等维新时的幕臣很多都不是武士。他们对幕府或武士抱着强烈的希望和渴望之情。

然而，小栗忠顺不同，他的先祖是战国时代②强壮

---

① 译者注：江户时代住在城市的手艺人或商人。
② 译者注：战国时代（1467—1615年）。

的"三河武士"。忠顺出生于1827年6月22日,当时他家已经延续了12代。他家的宅子位于神田骏河台,代代世袭着2500石的俸禄(后来增加到2700石)。小时候,他染上了天花,虽然保住了性命,但脸上长了麻子。其父忠高是一个养子,1854年担任新潟奉行,才华出众。其母邦子虽然深居闺阁,但心胸开阔,注重对孩子的教育。小栗忠顺自己也潜心修行,文武双全。他幼时跟随安积艮斋学习汉学基础,同时也很关心兰学。他还带头学习了直心影流剑术、柔术及炮术。其父去世之后,他继承了家业。

1855年,他29岁时,幕府对他的评价很高,任命他为使番[1],时任大老[2]的井伊扫部头直弼大力提拔他。作为目付[3]加入赴美使节团的他承担了交换"日美修好通商条约批准书"的重任。井伊肯定是在小栗的身上看到了三河武士的传统及精神。32岁的小栗在美国人眼中,是"一行人员之中最能干、最务实的人物","他是

---

[1] 译者注:传达主将命令、巡查军中事务的武士。
[2] 译者注:江户幕府辅佐将军实施政治的最高官职。
[3] 译者注:江户时代负责监视旗本及下级武士的官职。

一位具有理性思维的优秀人才。虽然脸上有一些麻子，但才智过人，聪明出众"。小栗是一个地地道道的三河武士，在出访美国之前他还向专家请教了海外的情况，跟着西周①认真学习了荷兰语。

"短命二朱"与欧美列强的不义

抵达华盛顿之后，使节团在白宫东厅见到了时任美国总统布坎南，通过了《日美修好通商条约》。忠顺后来去了费城，就1两小判与美元金币的比价进行了谈判。这场关于汇率的谈判非常重要，由于日本国内与国外金银比价存在差距，数额大得惊人的金币流向海外。如果不采取措施，幕府末期，日本经济将完全崩溃，也就谈不上以后的发展了。

幕府果断采取了铸造新币的对策，重新发行了安政小判（正字小判金）、一分判（安政一分金，又称正字一分金）和二朱银（新二朱银、大形二朱银）。天保小

---

① 译者注：西周（1829—1897）是第一个将西方哲学较系统地介绍到日本的人，被称为"日本近代哲学之父"。

判的重量为 3 文目①，安政小判重 2.4 文目；天保一分金重 0.75 文目，安政一分金重 0.61 文目，重量大约减轻了 20%（新二朱银重 3.60 文目）。新二朱银的含银量是美元银币的 1/2，所以幕府规定 2 枚新二朱银兑换 1 枚美元银币。前面提到的利八就是靠这个发家致富的。

即使今天看来，这项举措也是非常合理的，金银的国际比价比以前大有改善。于是，幕府向欧美列强发出通告：欲从 1859 年 6 月 1 日起开始流通。然而，美国公使哈里斯听到这个消息后大发雷霆，和英国总领事阿礼国一起谴责幕府违反条约，法国、俄罗斯、荷兰 3 国也联合起来抨击幕府，走投无路的幕府只好把这些新币全部收了回来。新币仅流通了 12 天，新二朱银因此被称为"短命二朱"，沦为天下笑柄。

小栗认为是可忍孰不可忍，于是抵达旧金山之后马上就去参观了造币局。趁交换条约批准书之机，他前往费城进行谈判及试验，试图确定 1 两小判与美元金币的比价。幕府本来没有命令使节团去就此事进行谈判的，

---

① 译者注：江户时代的货币重量单位，1 文目为 1 两小判的 1/80—1/50，根据时代和每日行情的不同而有所增减。

然而，忠顺却断然去了，并声明："所有的责任由我承担。"

美国人对日本人使用的秤及算盘深感好奇，刚开始的时候关注点都放在了这些稀罕的物件上。双方一起在造币局做试验，试图弄清楚各种货币的含金量，日本使节团的人回答问题又准又快，令美国人大吃一惊。他们说："小栗丰后守①对一切了如指掌。"

试验结束之后，美国造币局局长詹姆斯·罗斯·斯诺登在演说中指出，日美今后将签订新汇率。小栗因此在美国名声大振，人们交口称赞他"不愧是井伊大老提拔上来的人才"。然而，井伊却在樱田门外之变横死。

失去了靠山的小栗回国之后，于1860年9月出任外国奉行，在幕府占据了一席之地。在幕府掌权之后，小栗尽心竭力地做了两件事：一是建设一个大造船厂，由日本人亲手制造出不逊色于欧美列强的军舰；二是创办贸易商社，为实现上述目标提供财政支撑。

---

① 译者注：丰后守为官职，即丰后国太守。

"车到山前必有路"的想法误国误民

小栗于1861年7月被免去了外国奉行之职,第二年6月出任勘定奉行胜手方①,8月调任町奉行,12月又官复勘定奉行,同时兼任步兵奉行。下一年4月,他辞去了勘定奉行之职,7月就任陆军奉行②,并在两个月后辞职。1864年8月,再次官复勘定奉行,12月调任军舰奉行。1866年8月,就任勘定奉行兼海军奉行,权倾朝野(不久,陆军也归其管辖)。其间,幕府迅速土崩瓦解,小栗指出:"有时候一句话就可以灭国,那就是'车到山前必有路'这句话。"

幕府一贯抱着"车到山前必有路"这句话带来的莫名其妙的安稳感以及"眼不见心静""当一天和尚撞一天钟""亡羊补牢为时不晚"的想法,小栗站在了他们的对立面,积极致力于恢复及扩大幕府的权力。让三井

---

① 译者注:勘定奉行分为处理诉讼的公事方和负责财政的胜手方。
② 译者注:江户幕府于1863年7月新设的官职。

苦不堪言的御用金就是这个用途。

为了提高海防军事实力及经济实力，小栗提出以法为师，效仿君主政治实施郡县制度，让能力差、没有用的幕臣将兵赋改为缴纳现金，废除津贴、补贴。除了对官员收入进行大刀阔斧的改革，他还大力促进与法国合作，强化近代陆海军，并首创了日本大炼铁厂、造船厂。

长崎的铁厂和造船厂虽然可以维修西式船舶，但不能建造大型船舶。小栗一开始就打算直接在日本建一个像法国土伦那样处于世界领先水平的炼铁（造船）厂。当然，这是一笔庞大的开支，然而幕府没有钱，御用金也不够用。那些看不惯小栗的人到处诽谤他，煞有介事地说他为了从法国借到这笔巨款，企图把日本部分领土（例如虾夷地）拿去做抵押。他让开明派的幕府官僚去调查怎样借款才能避免沦为殖民地，为了达到借款的目的，他付出了巨大努力，既不偏向法国，又平衡有度地从英国银行借到了一些钱。

新任法国公使莱昂·罗修为了拉拢幕府，在列强中争夺主导权，提出将帮助小栗实现建设炼铁（造船）厂的宏伟计划。不过，幕府的处境时刻都在恶化，人们担心即使投入巨额资金建设炼铁（造船）厂，幕府未必能安然无恙地等到其竣工之时。对此，小栗对其部下栗本锄云（别号匏庵）说："即使幕府灭亡，我们拱手把它奉送给新主人，还是可以留下'卖房送土墙仓库①'这份荣誉的。"栗本听后非常感动（栗本比小栗年长5岁）。

小栗知道幕府的统治危在旦夕，然而他认为，只要是幕臣，就要完成幕臣的使命。1865年1月，"卖房送土墙仓库"，即东洋最大的横须贺铁厂开始施工。铁厂建设委员会原计划于1868年11月竣工，然而11月时该年号已经不复存在，因为9月8日年号就由庆应改为了明治。这时忠顺已经不在人世了。

1865年2月，他再遭罢免，5月又官复勘定奉行。1866年8月，法国经济使节库莱特访问日本，小栗与其签订了600万美元的借款合同。1865年8月21日，小栗给曾担任过涩泽荣一家庭教师的弗罗里·赫拉尔特写了一封抬头为"致法兰西皇帝陛下执事弗罗里先生"的

---

① 译者注：即作为"正房"的幕府虽然灭亡了，但作为"土墙仓库"的炼铁（造船）厂依然可以为新政权服务。

信，开始积极推进幕府与法国大规模合作下的商社以重整幕府财政。如果一切顺利的话，也许能够实现幕府主导下的明治维新。然而，法国国内局势发生了剧变，借款成为泡影。屋漏偏逢连夜雨，这时又爆发了鸟羽伏见之战。

第15代将军德川庆喜一败涂地，逃回了江户。小栗拼命劝说庆喜接受自己的意见，以强于萨长二藩的法式陆军步兵及近代海军发起反攻之势。但庆喜没有接受。不管处于怎样的困境，小栗都保持着坚忍的意志，而庆喜却没有这种咬定青山不放松的精神。

幕府决定顿首谢罪，归附顺从，1868年2月底，小栗在失意之中离开江户，回到其领地野国群马郡权田村（现群马县高崎市仓渊町权田）务农，将不多的农兵组织起来维持治安。同年4月，新政府的东山道镇抚军将根本没有抵抗的小栗于乌川河滩斩首，同时被斩首的还有其养子又一及6个家臣。小栗当时42岁。其部下福地源一郎后来说过下面一段话。

小栗身居财政及外交之要职时，幕府已经濒临衰

亡，大势已去，即使有十个、百个小栗也无可奈何。

然而，小栗从来没有吐出过"不可能"这个词，他告诉我们：知其病不可愈而放弃实非孝子之所为，国亡之前，只有鞠躬尽瘁死而后已，勤奋工作，才是真正的武士。他不屈不挠，身处艰难困境仍以主动维持幕府为己任。幕府末期得以苟延残喘数年，其中有小栗的功劳。

舍身成仁的谈判

回到纪国屋利八时代的三野村利左卫门的话题上。前面谈到三井处于危机之中。经利八牵线，三井面见了小栗。幕府原先指定三井缴纳的 150 万两御用金减到了 50 万两，后来又减到了 18 万两，用 3 年分期付款的方式。三井总算摆脱了眼前的危机。

但是，当时三井还要向纪州藩上缴 1.8 万两。没完没了的御用金令三井不堪重负。恰好在这个时候，神奈川的三井横滨店收到了幕府通知，追着其立即全额返还作为外国奉行所御用金御用商而吸存的官款。如果拒不执行，则没收全部财产。这些官款，三井当然已经账外放贷给别人了，由于一些二掌柜缺乏经验，已经出现了10万两的呆账。立即全额返还，还没有商量的余地，直接当事人横滨店及其主管的江户店向三井的京都总店求援。总店也没有多余的资金周转给江户。三井这次已经穷途末路，走到了灭亡的边缘。

三井想尽了各种办法，却毫无头绪。当领导层即将绝望时，总掌柜齐藤专藏的脑袋里想起了一个人，那就是纪国屋利八。他觉得利八也许能够带领三井走出"死地"。当时，利八45岁。三井曾经有恩于利八，但今非昔比，即使三井给了他丰厚的待遇，他还是有自己的想法。利八的店虽然规模小，但是自成一家，尽管三井名震天下，如果让他来"中年奉公"，他是不会答应的。"中年奉公"指商家聘用上了年纪、有经验的人，类似于今天的合同工。

在三井，只有江户店与京都的总店没有关系，作为办事处的江户店，其员工限定在江户店工作。专藏非常了解利八，知道仅靠丰厚的待遇是请不动这位足智多谋的人才的。

三井高平（高利的长子，三井第二代总领家）在其八条遗训中指出："做生意的要诀在于人尽其才和重用人才，必须淘汰昏庸老朽，采用有为之新人。"这一点击中了三井的要害，可以说三井当时就处于紧要关头。如果看到眼前立着一堵高得不可逾越的墙，任何人都会茫然若失，停止思考。碰到出乎意料的突发事件，则更是这样。要走出"死地"，第一步是不论受到多少束缚，都要在艰苦的条件下踔厉奋发，思考自己能做些什么。三井为此绞尽了脑汁，专门为利八新设了一个职位"通勤支配格"，与元老级的总掌柜级别相同，还把三井家的"三"字赐给他，再加上他养父母家的"野"字，让他改姓三野村，名利左卫门。

热血汉子利八、改名后的三野村利左卫门对三井的这份关怀感激涕零，他说："我宁可舍了这条命！"面对幕府的无理要求，三野村准备拼死一搏。舍身成仁是他的信条。他再次找到小栗忠顺，与其部下胜手元勘定组头小田信太郎进行谈判并说服了小田。通过小田，他再次向小栗说明了情况。三野村当然知道就算是老相识，也解决不了问题。

三井的失败在于没有准备好对抗幕府横征暴敛的方

案。换而言之，就是在对方的期望值上做出妥协，即迅速而准确地告诉对方自己可以妥协的条件。身处旋涡之中的人往往做不到这一点，而置身事外的三野村或许可以胜任这项工作。他明确指出了绝对不能让步的根本性问题，如果不能做到免除御用金和暂缓返还从神奈川外国奉行所吸纳的存款这两点，三井就垮了。如果幕府能够同意这两点，眼前就可以维持住。之后的两三年内争取业务翻番，这样也许比从前更加有能力应付御用金了。幕府可能会认为这个想法自私自利，但三野村认为，这件事本来就是幕府无法无天的横征暴敛引起的。

他还想出了一个点子，三井向江户商人提供贷款（相当于现在的中小企业融资）。当然，不用幕府出一分钱，贷款资金由三井承担。上限为 10 万两，但三野村认为不能一次性贷款 10 万两。清偿前面账外放贷形成的呆账之前，三井必须对资金负责，那么这个计划也情有可原。一直对外国商馆的利益垄断耿耿于怀的小栗想出了一条妙计，那就是"江户市场货物抵押贷款"。

由于经常去找小栗，三野村学到了小栗的经济政策，即幕府与法国合作下的商社构想。另外，三野村的过人之处还在于谈判时能够做到"舍身成仁"。在这之前，没有一个豪商像三野村这样奋不顾身地与幕府展开谈判。俗话说，"天无绝人之路"，不要命的人无比强大、无比可怕。

三野村在谈判中咄咄逼人，不达目的决不罢休，最后，返还存款的要求不了了之，御用金也减到了50万两。另外，由于已经分期上缴了其中的18万两，余额也被免除了。

经商的四个阶段

三野村挽救了三井最大的一场危机，三井也对幕府彻底失去了信心。不久，三井向前途未卜的新政府提供了巨额捐款，立场鲜明地站在了新政府的一边，因此成了新政府中最有发言权的豪商。

公元前1世纪后半叶，古代小亚细亚哈利卡纳苏斯[①]的历史学家狄奥尼西奥斯说："历史是举例证明的哲

---

① 译者注：位于土耳其西南部，现名博德鲁姆。

学。"回顾三野村的经商之道，我们可以看出，他脚踏实地地走过了中国古籍《礼记》所言的学问的4个阶段：藏、修、息、游。

到了江户之后，他一心一意地学会了小本经营，拼命工作，即"藏"。接下来，遇到了小栗忠顺，一边在新时代商业模式的熏陶下扩大了视野，一边不断消化，让其成为自己的血肉，即"修"。掌握经商之道，不断学习成为一种习惯，就像必须呼吸才能活下去一样，由此产生的充实感通过工作成了搞活三井的原动力，这就是"息"。最后是"优游自适"，就像慢悠悠地流淌于广阔大地上的河流一样，旁人看来没有比这更为惬意的了，这就是"游"。

初涉商业时像狮子般勇猛，全身心投入工作，哪怕是为了"打死一只兔子"也会竭尽全力，然后进入了非常喜欢工作的境界（进步了的境界），最后达到了"游戏三昧"①的高度。正所谓"知之者不如好之者，好之者不如乐之者"，做学问如此，经商也是如此。做生意

---

① 译者注：佛教用语，是"用游戏之心，放下一切名数束缚，超然自在地游化世间"之意。

时，与拼命干的人相比，乐在其中的人更胜一筹。

明治维新之后，三井的领导层费尽心机地思考着应该如何应对眼前的大变局，三野村建议向新政府提出相应的交换条件，而且亲自为此四处奔走。他把一个史无前例的要求摆在了新政府的面前：将太政官钞这种不兑换纸币的发行业务全部委托给三井。铸造货币本来是国家的工作，三野村明知这一点却就此事与新政府实际上的宰相萨摩藩士大久保利通谈判。他是在幕末与小栗忠顺为对手时学会这一招的。他牢记着一点，那就是与没有决定权、负不了责的人谈判是谈不成的。

他还有一份自负，认为与刚成立不久的新政府的权威相比，名震四方的三井的信誉更令人信服，他坚信三井的实力。三野村心里知道，政府如果拒绝自己提出的要求，就会把三井从所有的公役[①]中踢出去。孤注一掷的谈判中，也许只有采用他的这种办法。其中关键是三野村没有私心。他没有一丝为个人利益打算的心思，也没有利己之心，他只有对新政府的不信任以及对坚持信

---

① 译者注：根据国家或公共团体的命令而执行的勤务。

誉第一的三井的毫不动摇的信任。尽管人们认为新政府不可能接受三野村的这个史无前例的要求，但新政府最终还是接受了。1868年2月23日（同年9月8日，年号由庆应改为明治），新政府决定将太政官钞的发行业务全部委托给三井组。紧接着，三井组与小野组同时被任命为新政府的会计局汇兑商，负责所有会计事务及公款业务。

这样一来，三井占据主导明治日本经济的地位可以说只是一个时间上的问题了，1869年，早已成为三井实际统帅的三野村开始对三井家进行家政改革，历经4年成功地使三井走出以往靠算盘、围裙撑起的旧经营模式，一举实现了近代化。"从今以后将明确划分三井家的家产哪些归三井家所有，哪些不归三井家所有，不得私自侵吞。"当然，违反规定者，即使是三井家的同族也毫不留情地惩罚。在推进家政改革的同时，三野村还参与了成立银行的计划。与从明治维新的惊涛骇浪中挺过来的小野组一起创办了第一国立银行（现瑞穗银行）时，他让三井家的家主三井八郎右卫门高福出任行长，自己担任行长助理。

三野村能够理解涩泽的原因

历史现象不会重复出现,但历史的原理、原则、类型会反复出现。例如,拿破仑一世曾经说:"政治不是事先制定好政策,然后在此基础之上稳步推进就可以了。政治的实际情况是,突然爆发一个事件,然后慌慌张张地制定应对方法。"我想这句名言也适用于企业经营吧。

三野村曾经想把涩泽荣一挖到三井来做自己的接班人,然而失败了。1868年12月,从法国巴黎回到日本的涩泽荣一在横滨通过大黑屋大六(榎本六兵卫)掌柜的介绍认识了三野村,两人在深川(现东京都江东区一带)见的面。这是他们的第一次见面,三野村从那时起就开始关注涩泽了。

旧幕臣们移居静冈之后,涩泽在那里创办了商法会所。他去东京采购商品时经常找三野村兑换太政官钞,得到了三野村的关照。三野村当时肯定比任何人都理解涩泽的构想,这是因为他曾经受教于堪称经济之师的小栗忠顺。

人们通常将涩泽荣一称为"日本资本主义之父",其实,如前所述,幕府末期小栗已经具有了由幕府和法国共同推进"company"(公司)的构想,并建设了东洋最大的横须贺炼铁(造船)厂。

该铁厂的员工守则是日本最早的近代公司制度的雏形。和涩泽学习到的一样,该守则也是法式的。当时,法国在近代工资制度方面也是最先进的。横须贺炼铁厂效仿法国,规定星期天为休息日。原本没有休息日习惯的日本人星期天也照常上班,这给法国员工(当时称为属工)带来了压力,再加上小栗提出了要求,所以 1/3 的法国员工星期天也上班。日本是 1876 年正式将星期天定为休息日的。

即便如此,横须贺炼铁厂还是招到了 100 名熟练工。那么,日本第一家近代公司是如何管理的呢？先是设 1 名专职管理人员,就是总经理。第一任总经理由锄云,即栗本濑兵卫担任。他曾跟随法国人梅尔梅德·卡松(曾就职于法国箱馆领事馆的传教士)学习法语,是亲法派的核心人物。幕府倒台之后,他归隐东京小石川,1872 年进入横滨每日新闻报社,第二年成为报知新闻报社首席记者，1897 年去世，享年 76 岁。

横须贺炼铁厂内部分为几个部门，各部门职责明确，由称为工事课长的人负责管理。造船厂成立之后，由日本人担任主任，分别称为总官、会计部长、仓储部长、工夫部长、翻译部长。作为部门负责人，他们分别配有秘书及下属。

工作分为夏季和冬季，早上 6:30（冬季则为 7:30）上班，中午 11:00—下午 1:00 午餐、休息，下午 5:00 下班。打扫整理、防火措施这些日本工人从前没有意识到的职场规则经过引进、践行之后逐步深入人心。工厂还采用了有关涨薪、解雇、工作服发放、加班费等方面的详细规定。

还开设了职业培训学校、法语学校、日本第一家理工科技校。横须贺炼铁厂还引进了西式簿记，部分实施了成本核算。即使是走在世界最前列的英国造船厂、铁厂也是从 19 世纪 70 年代才开始把间接费用摊到每个产品上计算，即进行成本核算的。当时，即使是欧美发达国家，商法原则还是保持旧态，将成本作为秘密，以尽量提高产品售价。成本加合理利润的成本保利合同是一种崭新的方法，近代公司的各项制度、想法进一步把绩效主义、实力主义传授给了日本人，并在日本发扬光大。

实际上，小栗的幕法"company"（公司）构想早在条约获批他从美国回到日本后的第二年就开始实施了。大规模的改革需要财源，而因金银比价吃了大亏的日本在签订《修好通商条约》之后亏得更大，贸易产生的利润全都被外国人拿走了。刚开放港口时，商品由产地的批发商卖给江户、大阪的批发商，然后分别汇总卖给开港地的外国商馆。然而一些唯利是图、一锤交易的日本投机商，例如横滨推销商为一己之私利，跑到产地去采购商品，绕过批发商直接卖给开港地的外国商馆，比批发商的售价低。有几个人就是通过这种盈利方式后来创办了地方财阀。

幕府末期诞生的商社

小栗和涩泽对这种做法非常气愤，但外国商馆远比这些一锤交易商狡猾。开始时，为了破坏批发商渠道，外国商馆故意高价从一锤交易商手里收购商品，待一锤交易商收购的商品开始大量堆积时，便开始趁机压价。因为这些一锤交易商手头并没有资金，很快就会因为没有运转资金而走投无路。抓住了其弱点的外国商馆趁机"请君入瓮"，逼其甩卖商品。更有甚者，有些外国商馆还预付一些资金给这些没有资金实力的一锤交易商，面传亲授，指示他们从产地的生产者手中把尚未收割的物产垄断性地包购下来。这些愚昧无知的一锤交易商们为了微乎其微的蝇头小利，沦为外国商馆的走狗，一心一意地为其卖命。面对这种现象，一些正派的商人也无计可施。很明显，日本的商人们不知不觉地失去了自主性。

要反抗这些阴险歹毒的外国商馆，只有一个办法，那就是成立具有金融（后来的银行）功能的日本商社。小栗想呼吁江户、大阪的豪商们分别成立会所，有组织地管理外国贸易。然而，这个国益会所的构想由于遭到了外国商馆的强烈反对，幕府迫于列强通过外交渠道提出的压力而没有同意开设。

但是，小栗没有放弃，提出："既然这样，那就邀请法国一起成立一家幕法联合公司。"当时，他掌握着幕府财政及军事大权。他彻底分析了法国的情况，推断出将越南西贡（现胡志明市）纳入了自己统治下的法国能够从当地向日本派出的兵力为海军200人。也就是说，在欧美列强中，法国还没有可以将日本变为殖民地的实力，而且，拿破仑三世领导下的法国是欧洲陆军大国。

小栗的想法是，与法国联手牵制英国，先整顿贸易管理、海关业务，然后创办正规的日本综合商社及海运公司。他的这个计划得到了曾经让涩泽认识到了合本主义的法国银行家弗罗里·赫拉尔特的赞同。1866年，库莱特（法国帝国邮船公司董事、副总经理）作为法方代表访问日本之前，借款的事已经谈妥了。为了阻止日本沦为殖民地付出了巨大努力的小栗，其悲剧性还体现在经常被误解这一点上。他虽然和库莱特签订了600万美元（约为现在的600亿日元）的借款合同，其中却没有抵押条款。但是，坊间臆测他把虾夷地的开发收入拿出来做了抵押，这明显贬低了小栗的人格。

为了防止欧美列强将日本变为殖民地，他大力推进成立幕法联合公司。在借款谈判中，他费尽心思，在英国东方银行和法国兴业银行之间保持平衡。然而，继阿礼国之后担任了一段时间英国代理公使的温彻斯特游说荷兰的伯尔斯布鲁克总领事，想一起搞垮小栗的计划。

当时，英国已经私下和萨摩藩频繁进行着贸易。如果幕法联合公司成了现实，则会损害英国的利益。英国把真真假假的事都吹到了幕府的耳朵里，其中最顶用的一件子虚乌有的事就是小栗要把虾夷地拿去做抵押。前面说过的国益会所被来自列强的压力弄垮了，日法联合公司也由于法国国内政治局势的变化，与借款同时化为泡影。

即使如此，小栗依然没有灰心丧气，他开始将精力放在了成立兵库商社上，这是一家具有浓厚股份公司色彩的公司。1867年4月，小栗向幕府提出了成立兵库商社的建议，无巧不成书，脱离了土佐藩的坂本龙马也是在这一年将龟山社中①改编为土佐海援队。不过，第一次在公文中使用了 company 这个词的是小栗。

他的计划是，从大阪的豪商中选出 20 人共同出资

---

① 译者注：幕末志士坂本龙马于 1865 年组建的由脱藩浪人组成的浪人结社、商社性质的组织，为海援队的前身。

100万两，作为交换条件，幕府允许这20名豪商发行100万两金圆券，成立兵库开港场交易商的company。该计划在想法及机制上都酷似后来明治时期涩泽想到的银行，这说明对于当时财政已经破产的日本而言，不管是幕府还是新政府，只要跟资金这两个字沾边的东西都很匮乏。所以，小栗才想到向法国借款的，但是半路杀出了个程咬金。于是，他转而计划借用豪商的信誉发行金圆券以解燃眉之急，他这一招后来被明治政府照搬了过去。虽然选出了20名豪商并确定了（3名）领导，兵库商社还是中途流产了，因为大政奉还、王政复古的大号令以及鸟羽伏见之战接踵而至。

三野村被涩泽拒绝之后的下一步棋

涩泽进入大藏省工作之后，三野村还在积极邀请他来三井。根据第一国立银行成立之后担任专务董事的永田甚七回忆：1873年三野村担任着三井最高负责人总理事时，专程访问了已经从大藏省"解甲归田"的涩泽。

听到涩泽子爵（1920年授予的爵位）"解甲归田"的消息后，他拜访了子爵，说："如今民间没有您（涩泽）这样的人才，我也一直想着从三井隐退，所以想推荐您来继任。我今天来就是为了事先征得您的允诺。"三野村先生的想法是，涩泽子爵应该会欣然同意接受三井总理事这个岗位，然而子爵毫不犹豫地回绝了，三野村先生似乎也颇感意外。(《青渊回顾录》)

上述回顾录中接着写，涩泽认为："三井的总掌柜算个什么？不过是一个町人，却口吐狂言，一副小人得志的模样。"这种说法与其说是一针见血，不如说是当时常规的解释。其实，当时涩泽正准备开始实践自己提出的合本主义，原本就没有进入三井让这个豪商一族富起来，自己也跟着成为有钱人的念头。

三野村认为三井就是一切，他的一厢情愿过于强烈，因此错判了对方。但是从那之后，三野村将第一国立银行的经营管理交给了涩泽，自己从不干涉，这令涩泽感激不已。这样过了一段时间之后，1876年，三野村成功地使三井自己的银行开业了。作为一个精明的商人，他践行了经商之秘诀——先赔后赚。接受了新政府转让的地皮之后，三井在东京海运桥通商司旧址（现东京都中央区日本桥）上建设了日本第一家银行三井组银行的三井组大厦，这座5层楼的西式建筑是文明开化的象征。建成之后，政府强行要求三井把它让出来。无奈之下，三井以12.8万日元的价格将其卖给了第一国立银行。不过，建设费用花了5.8万日元，三野村用多余的钱在骏河台（现东京都中央区日本桥室町）新修了三井银行，即后来的三井银行总部大楼。"这座楼是用空中楼阁建成的，（三野村）说完这句话笑了起来。""还剩下了几千日元。"

1874年10月，第一国立银行的控股股东小野组破产。新政府从明治之初便将汇兑业务委托给了三井组、小野组和岛田组三大豪商，给他们提供了无息担保运用国库资金的方便。然而，1874年2月，政府突然改变了方针，要求提供存款担保，而且期限为1874年12月15日。通知10月22日才发出，由于事发突然，和小野组一样，三井也面临着生死存亡的考验。幸亏久经考验的三野村平常就笼络了政府的井上馨。大家都知道井上与三井相互勾结。在为岩仓具视率领的欧美视察团举办的践行会上，政府最有权威的西乡隆盛嘲笑井上："三井的掌柜，干一杯！"

提前从井上那里听到了担保期限的三野村使尽浑身解数筹集到了担保资金，而小野组、岛田组却没有提前得到消息。他们之所以没有能够避免失败，或许是因为没有渠道，或许是因为失去了与政界的联系。由于1873年的征韩论战，西乡隆盛、后藤象二郎、板垣退助这些土佐藩出身的参议员及江藤新平、副岛种臣这些肥前佐贺藩出身的参议员都集体辞职了。有种说法认为，小野组的靠山是萨摩藩人五代友厚，但是他当时已经辞官专心在大阪做业务。再加上，小野组的业务涵盖了大米及生丝的投机、矿山经营等，摊子铺得过大，所以别人认为其经营涣散也是无可奈何的。

1874年11月小野组破产。1875年2月，岛田组倒闭。这可以说是三野村的胜利，因为他从幕末的失败中学到了很多经验教训。自此，三井走上了腾飞之路，然而就在这时，三野村却被胃癌击倒了，卧床不起。临终之际，他对并排坐在左右的人留下了遗言："凡事皆要省繁取简。有事要立即办,勿烦重复。勿论长幼,勿拘于礼节。勿沉溺于奢侈。勿华冠丽服。(对方)虽为长者,有理之处(自己有理时)勿屈。勿舍业而礼。勿失时机。常能守断之一字。"

1877年,一代奇才、三井的总掌柜三野村利左卫门平静地离开了这个世界,享年57岁(也有种说法为54岁)。三井获得了不可动摇的地位时,其曾经的劲敌小野和岛田两家由于未能适应时代潮流而从历史舞台上消失得无影无踪,其命运的分水岭就是经营统帅是否具有危机管理能力。

广濑宰平
坚定守成，建立了明治时期的住友

突如其来的灾难

在讲企业的兴亡时，有一点总是令我深感痛心，那就是当时的经营者为什么事先没有设想，或者评估风险呢？换句话说，就是缺乏倒推及假想演习。不仅是经营者，任何提出新建议、新企划、开启新事业的人当然都会按照时间顺序进行整理及思考，一边从起点开始跟踪结果，一边依次根据因果关系假设可能出现的问题及面临的失败，这就是常见的危机管理。

然而，这种方法无法应对出乎意料的社会剧变或天灾等，因为它们原本就是始料未及的。从前泡沫经济的崩溃、次贷危机均是如此。

遇到了这些始料未及的重大灾难时，倒推及假想演习非常有用。有些读者可能会怀疑其真实性。普鲁士铁血宰相俾斯麦曾经说："笨蛋向经验学习，聪明人向历史学习。"与常见的按照时间顺序思考的做法不同，倒推及假想演习的做法是：通过调查历史数据，向史实学习，从具体的突发事例中接受反馈，抚古思今，弄清楚危机的根本原因。例如思考1929年美国突然发生经济危机，被卷入其中的日本企业是如何面对这场危机的。

历史学家发现的最大共同点是麻痹大意。历史告诉我们，越是在一帆风顺的时候，越是容易遇到始料未及的困难。但人们往往听不进去，认为自己是个例外，不愿向历史学习，所以一旦遇到突发灾难，就惊慌失措。

不论是运动员，还是企业经营者都是如此。能够在大脑中不断反复测算，想好几条道路的人遇到事情时往往能够顺利解决，也能够未雨绸缪。"有备无患"，这也是历史教给我们的道理。遇到偶发性事件或突如其来的灾难，如果没有防备，后果不堪设想。如果事先没有预防措施，次生灾害将接二连三地发生，许多人只能东跑西窜，疲于应对。偶发性事件往往是一波未平一波又起，从而导致整体情况急剧恶化。三井财阀，在幕末突然被幕府逼到了走投无路的境地。住友也受到了来自幕府和新政府的双重打击，而于水火之中挽救了住友的是广濑宰平。他与三井的三野村利左卫门性格非常相似。

三井、三菱、安田等财阀作为政商不断扩大了业务规模，然而，住友是纯粹的商人，厌恶投机，依靠以别子铜矿（现爱媛县新居滨市）为代表的矿业，通过脚踏实地的苦干，从江户时代开始涉足钱庄业务，后来发展为豪商。据说，住友家祖祖辈辈都是越前国（现福井县中北部）俸禄为5000石的武士。越前国是靠以下犯上而飞黄腾达的朝仓家历经11代（从中兴之祖英林孝景数起为5代）的努力建成的，后来在朝仓义景那一代被织田信长消灭。之后，织田家的大家老柴田胜家来治理越前国，住友家祖政友的上一辈政行厌倦了动荡不安的生活，放弃了武士的身份。战国时代还没有士农工商的身份制度，接替了政行的政友也想凭自己的才能生活。

政友最初并不想从商，作为次子，12岁时出家成了新兴宗教的僧侣。他后来涉足商业也是为了方便传教和宣传教义。他从事了便于向老百姓传教的药材交易及出版业务。

从事铜的生产及销售的泉屋,即苏我理右卫门的长子理兵卫友以政友女婿的身份进入住友家当养子后,住友家发生了翻天覆地的变化。其父理右卫门掌握了精炼铜与铜的分离技术,完善了人们称之为"南蛮吹"的工艺;其子友以发扬光大了父辈的功绩,通过铜的生产及销售积累了巨额资本,成功挺进了豪商行列。他还经营采矿业,经过友以、友信、友芳3代人的努力,发现了别子铜矿(1690年),住友家的地位自此变得不可撼动。

"非常之才"宰平入职住友家

别子铜矿是一座矿石含量丰富的新矿山,开工仅仅数年,年产量就突破了250万斤(1500吨),高居日本铜矿之首。不过,江户时期的采矿技术与后来相比还非常落后,矿山不久就被挖空了。此外,原以为永世不绝、天长地久的幕藩体制开始动摇,幕府的铜采购量不如从前,铜价也不断下跌。幕府末期,钱庄贷给各大名的贷款形成的呆账也越来越多,和其他豪商一样,住友也走到了崩溃的边缘。

这时,已经升任别子铜矿总支配人的是在住友土生土长的广濑义右卫门,即宰平,1865年他38岁。宰平于1828年5月5日出生于近江国野洲郡八夫村北胁(现滋贺县野洲市八夫),其父亲是一名医师,家里有5个男孩3个女孩,他是次子。

西乡隆盛比宰平年长1岁,坂本龙马比宰平年轻7岁。然而,幼名为驹之助的宰平并没有受到幕府末期惊涛骇浪的影响,9岁时就被担任伊予国别子铜矿支配人的叔父治右卫门带着离开了家乡。宰平10岁就在别子铜矿的勘定场当学徒。从那时起,他一直在住友工作,28岁时经主人住友吉次郎友视推荐出任住友家江户分店经理。进入广濑家当养子后,自称广濑义右卫门。宰平晚年在其自传《半世物语》中自豪地说:"宰平,实名满忠,字远图。宰平为通称,实名及字由叔父北胁淡水翁(治右卫门)取。余(宰平)自少时就在心里发誓不背余名,对住友家鞠躬尽瘁,成就远大事业。明治维新之际,政府废除了'卫门'这个称呼,于是自己取了

'宰平'这一通称，这也是余之心契：若有幸承担主宰他人之任，必能公平处理、裁断万般事物。"

住友的惯例是，担任总支配人必须经过役头、本役、元缔这些职级，然而幕府末期的动荡远远超出人们的想象，一直脚踏实地地做着铜矿生意的住友也无法墨守成规了。不能再论资排辈，必须寻找个能力强的"非常之才"。

"有非常之人，然后有非常之事，有非常之事，然后立非常之功。"有非凡之人，才能做常人想不到的事情，有了这些非常之事，才能做出非常之功绩。平时（和平的时候）很难出现非常之人，即非凡之才。实际上，任何时代、任何地方都有千里马，但没有伯乐和千里马们可以驰骋的空间。只有到了过去的惯例不顶用的时候，这些"非常之才"才能得到提拔。当时的宰平正是如此，越过前面几位资历比自己老的人当上了总支配人的他应对着住友的存亡危机。

按照约定，别子铜矿每年向幕府借 8300 石大米，米款从第二年卖给幕府的铜中支付。大米是铜矿 5000 名员工的口粮（总计 1.2 万石），住友内部以市价的一半将其卖给员工,而幕府却突然以财政困难为由单方面发出通知,责令住友内部停止发售大米。没有了大米的供应,这简直是晴空霹雳!

全矿一片混乱,矿工和住友之间处于一触即发的状态。一波未平一波又起,幕府提出当年(1866年)停止采购铜,过了一个月又推出全面停止大米供给的政策。宰平等住友的领导们想尽各种办法终于得到了幕府明确的保证:就1年,提供大米6000石。即使这样,总量还是不够。

由于米价上涨,愤怒的矿工们停止了采矿工作。宰平深入到群情激奋的矿工中,耐心地与他们交谈,终于说服了他们。然而祸不单行,还没来得及喘口气,宰平又遇到了明治维新。

卖掉别子拯救本家

在住友还没有意识到的时候,幕府就垮台了。1868年2月,官军的一支部队土佐藩兵来袭,别子铜矿被新政府接收。为什么要没收住友的铜矿呢?这是因为别子铜矿被认为是幕府直营事业。宰平与土佐藩的队长川田元右卫门（小一郎，后任职于三菱，然后当上了日本银行第3代总裁）谈判，向他解释说铜矿虽然由幕府统治，但一直都是住友家独自经营，并极力劝说查封铜矿绝对不利于国家。如果铜矿被没收，交由其他人运营，住友则失去了为社会做贡献的手段。宰平一边拼命说服川田，一边通过关系直接找到了新政府的要人岩仓具视陈情。宰平似乎事先想到了会发生这种事情，用现在的话来说，就是倒推、假想演习，两个月后终于等来了铜矿照旧向住友开放的通知。另外，宰平通过土佐藩向新政府做工作，住友家被查封的大阪总店的铜仓，也可以自由使用了。

毫不夸张地说，这些都是身陷"死地"时他做的幕后工作。宰平似乎事先已经细致入微地想好了如果幕府不行了的话应该怎么办，应该找谁做些什么工作才能救住友，他事先就做好了相应的准备。

时代发生巨变时，往往会接二连三地发生一些出乎意料的事情。再举一个例子，幕府突然停止采购铜，别子铜矿差点儿被新政府接收之时，有些人突然提出趁收回铜矿之机把别子铜矿卖掉来拯救住友本家的危机。这种意见很快就占了上风。

"卖掉别子，拯救本家的危机！"当时（明治维新后不久），住友家的大多数人都持有这种意见。原来在铜座①当过官的一名男子频繁出入本家，劝本家以10万日元（相当于现在的20亿日元）卖掉别子，从那之后，多数人的意见突然变得具体了，用卖矿的钱还清负债，剩下的钱用来维持住友家的意见逐渐在本家占了上风。（《别子开挖250年史》）

这种意见也不无道理。天王寺屋、加岛屋、平野屋、炭屋、茨木屋等江户时代享尽荣华富贵的豪商们在遇到了未曾经历过的社会大变革之后，都出人意料地一下子就垮了。住友的现实情况是：别子铜矿的开采量不断减少，以往一揽子收购的幕府也不复存在了。提供给各藩的贷款实际上是收不回来了，戊辰战争的爆发更是

---

① 译者注：幕府统管全国铜的精炼及买卖的机构，1738年设于大阪。

雪上加霜。别子铜矿的维持需要经费，此时它成了住友沉重的包袱。住友本家把祖祖辈辈传下来的各种东西拿去抵押借款，解了燃眉之急，但这也只是杯水车薪。

宰平似乎是晚些时候才听到卖矿这件事的。了解到实际情况之后，他立即大发雷霆，表示强烈反对。"（我）极力说不能这么做，经过声泪俱下的争论，终于制止了这个鲁莽之举。"

他的这个想法说到底就是，别子铜矿是住友的根基，是今后重振雄风的王牌。这一点也让我们想到了事先的倒推、假想演习。中国有句格言："盛衰之理，虽曰天命，岂非人事哉！"它告诉我们：人世间的盛衰皆取决于天命，这是没有办法的，但认真想来，这难道不是人招来的吗？取舍选择，企业为了生存，要舍弃什么、留下什么才能使其继续发展呢？宰平认为，与改弦易辙相比，住友应完善及重整发展成熟的别子铜矿。这样才能承担以后可能增长的支出及风险，才能有充满希望的未来。

铁面无私的住友大改革

住友最终同意了宰平的方案。他关闭了江户中桥（现东京都中央区日本桥三丁目）及浅草的钱庄，对别子铜矿的矿工们实施了信赏必罚的方针。致力于企业重整的宰平铁面无私。他后来回忆，之所以能够大刀阔斧地进行改革是因为自己完全没有私心。宰平长年为住友工作，除了对住友的一片忠诚，他没有一丝一毫的私利私欲。当总店资金周转不过来的时候，他曾把养父母家的田地拿去抵押帮总店渡过了难关。对他而言，住友就是自己身体的一部分。

他不断在铜矿实施改革，停止给矿工发放粮食，改为矿工自己承担伙食费，要求矿工必须严格遵守时间制度，低价把房屋卖给矿工。另外，当时使用火药采矿，他发明了可谓导火线雏形的"盛山棒"。进入明治时代之后，他还开设了神户商店，把精力放在了海外贸易上。

住友依然一直面临着财政窘迫的问题。不成熟的领导很难做到叱咤风云、鼓舞士气。在住友家的新春宴上，按照惯例，大家都会说："祝各位年年岁岁皆胜意！"然而，轮到宰平致辞时，他却说："祝各位年年岁岁皆不同……"在场的高管们听后满脸惊讶，纷纷指责他。他却掷地有声地说："年年岁岁都一样的话，住友家就倒了。我们必须年年岁岁皆不同，去旧迎新，转祸为福。"

住友的低迷即使到了1873年也不见一丝好转的迹象。宰平一边推进铜矿改革，一边为下一步做好了准备。他聘用了法国采矿工程师科瓦尼（让·弗朗索瓦·科瓦尼），接着又聘用了同为采矿工程师的法国人路易·拉洛克。在雇用拉洛克时，双方签订合同，严格规定了职责分工，彻底贯彻了绝不干涉住友正在进行的改革的方针。宰平告诉自己，住友的重整虽然迫在眉睫，但不能过分迷信欧美的先进做法，所以不能囫囵吞枣地接受工程师的意见。

3年合同期满后，铜矿解雇了拉洛克，同时选派了2名日本工程师去法国学习采矿及冶金技术。1874年，终于起死回生的别子铜矿产量突破了100万斤（600

吨)。产量年年上升之后，铜矿又根据拉洛克制订的计划书相继建设了大规模的车道、东延斜坑、第一隧道等，1885年年产量达到了200万斤，1890年超过了300万斤。

1889年，62岁的宰平第一次走出了日本国门。他把自己的一生都奉献给了住友，1894年他退居二线。由于他不顾一切、一心一意地带领着住友向前冲，导致进入稳定期之后的住友矛盾重重，一些一直隐而未发的怨气及不满一下子都浮出了水面。

但是，宰平绝不屈服。晚年有人找他题字时，他一定会挥毫写下："逆命利君，谓之忠。"1914年他临终之前，亲属问他有什么遗言，他斩钉截铁地说了一句："我无话可说。"然后便闭上了眼睛，享年87岁。

伊庭贞刚

深受住友全体员工敬仰，韬光养晦的将帅

服用毒药之后

遇到明治维新这一前所未有的社会大变革，在广濑宰平的努力下，住友在大浪淘沙中避免了被淘汰的命运。在战前时期，住友成了日本屈指可数、无法撼动的财阀。

回顾过去，住友制定了如下家规：重信誉，以稳健为宗旨，不追浮利（不是老老实实赚到的利润）。进行事业抉择时，要洞察时代机遇，不落后于社会发展的脚步。第6代总理事小仓正恒又进一步把住友的这个传统精神分为了两个部分，即"敬神崇祖和对国家社会感恩""基于道义的事业经营"。尤其是后者，当人们每欲

问其详时，小仓总是拍着胸脯说："基于道义的事业经营是指认真思考事业的性质，以道义为总宗旨。它告诉我们，谨戒在利益驱使下走上歪门邪路，违背道义时要舍利走正道。这样才能获得社会信誉及信任，确保事业永远之利。"这是与"日本资本主义之父"涩泽荣一同样的理想。小仓说，住友也必须赢利，但"作为企业，有责任有利于国家及社会，同时为多数人提供稳定的就业场所"。乍一看这似乎是一对矛盾，但小仓的结论是：历代总理事一直都在奋发图强。

的确，住友历代总理事都具有小仓这样的自豪感。然而，有趣的是，他们分别给自己定的榜样不是第一代总理事广濑宰平，而是继承了其衣钵的伊庭贞刚。他重视意见的统一，经营上韬光养晦，举企业之力承担起社会责任。伊庭贞刚明确践行了这种被称为"日本式经营"的经营者理念，带领住友取得了成功。

住友是在内讧时才知道伊庭贞刚有多么伟大的。如前所述，广濑宰平在住友处于危急存亡之秋时提出计划、做出决策，然后付诸实施的各项政策有时相当于毒药，换个角度来看，不少政策功过参半。《春秋左氏传》

（简称《左传》）中说："俟河之清，人寿几何。"这句话的意思是，一直等着黄河之水变清的话，人的寿命就了结了。人的寿命到底有多久呢？换言之，要做的事情就要尽快做。

幕末时期，住友一直在走下坡路，面临着生死抉择，根本没有余力去深思熟虑之后再断然实行。《孙子兵法·作战篇》曰："兵闻拙速，未睹巧之久也。"无论多么善战之人，一味浪费时间是不可能取得成功的。危机存亡之秋的统帅广濑宰平是出类拔萃的优秀人才。然而，一旦摆脱危机，有喘息之机时，这种类型的指挥官往往会令人望而生畏，不受待见。住友的别子铜矿进入了顺利发展的轨道时，广濑宰平在1889年终于有了去周游欧美各国的闲情雅致，就是从这个时候起，住友内部开始出现了露骨地批评他的做法的声音。这也可以说是对宰平一直以来所有事都独断专行的反抗。处于危机存亡之秋的时候，他不可能把议题逐一拿出来让大家讨论。

幕末风雨飘摇时四处筹款、获得别子铜矿的经营权、改善铜矿设施、扩大销路、整顿及改革家政，这些都是刻不容缓的问题。周围人虽然认可宰平,但是也一直深受其独断专行之苦。他们虽然承认宰平的功劳,但绝不同意他的做法。当然,宰平自己也有责任。在当时那种情况下,是否还有别的办法可用?这应该是"非常之才"的悲剧所在。

住友的内讧与贞刚

1894年1月,住友的理事大岛供清称病带领志同道合的部下离开了住友之后,公然开始从外部弹劾广濑宰平。大岛来自生野银矿,1878年加入住友,作为铜矿副支配人参与了别子铜矿的经营。他指责宰平在人事行政上的不对之处,不断向住友家控诉宰平独断专行、公私不分,最后将内情爆料给了当地报社,彻底向宰平发起了攻击。住友家内部也有一些人看宰平不爽,宰平曾经信赖的部下也开始与他们一唱一和。

然而,这位主宰着住友的总领事对这些不屑一顾。宰平是从激战的洗礼中走出来的,他无所畏惧。内讧火花四溅,领导之间的对立逐步蔓延到普通职员,别子铜矿的数千名矿工也被卷了进来，最终演变成了一场大骚动。火上浇油的是，当地居民因铜矿的烟雾公害与企业发生纠纷。

如果不能使这种混乱局势平静下来，建立新的秩序，住友很可能会再次一蹶不振。一般而言，如果组织内部没有人能够调停主流派与非主流派互不相让的内讧，该组织或者走向自我毁灭之路，或者被第三者尽获"渔翁之利"。此时依靠决断力，解决这一难题并拯救了住友，进而使其成为财阀的正是伊庭贞刚。

东海道列车经过濑田的铁桥时，车中的住友人大都会把脸贴近车窗远眺唐桥下游，凝视着其右岸一座郁郁葱葱的小山坡，充满怀念地说："伊庭先生就是在那座别墅里去世的。"可见伊庭贞刚的声望之高。（住友常务理事川田顺的自著《住友回想录》）

在评价伊庭贞刚时，可以使用深入人心的"住友精神"这个词。"我住友之经营，旨在重信求实，观时势之变迁，计理财之得失，虽应有弛张兴废之举，但决不应趋浮利而轻进。(住友的经营方针是，以重视信用确切落实为宗旨，应该冷静观察时势，充分运用经营资源积极开展企业经营，但是在任何情况下都不应该追求不义之财而采取轻率行动。)"

上述住友家的家规（1891年制定）是由第一代总理事广濑宰平总结出来的，而"在历史上开创了新时代"，使该方针在住友深入人心的是第二代总理事伊庭贞刚。他原本生活在一个与做生意没有关系的世界里。1853年佩里黑船来航正式揭开了幕末社会动乱的大幕，往前数6年，即1847年1月5日，伊庭贞刚出生于近江国蒲生郡西宿（现滋贺县近江八幡市西宿町），幼名耕之助。伊庭家祖祖辈辈服务于泉州伯太藩13.5万石俸禄的渡边家，担任统管江州飞地西宿等5个村子的代官。

贞刚的父亲贞隆脾气极其暴躁，如果在现在，属于家庭暴力男之类的，非常可怕。母亲田鹤子气得发了疯，肚子里怀着贞刚就被赶回了娘家，7年后母子二人才回到了贞隆身边。广濑宰平是田鹤子的亲弟弟。不过，贞刚出生时，宰平已经在别子铜矿的勘定场上班了，所以他俩并没有在同一个屋檐下生活过。

在刚刚懂事的贞刚眼里，父亲是一个走到哪里都一定会带着一根藤鞭的可怕的人，而母亲则是一个遵守封建道德、忍气吞声的良家妇女。被赶回娘家之后，她依然每天晚上来回走3里路去把伊庭家门前打扫干净。贞刚综合父母的性格。在父亲的严格要求下，贞刚学会了"四书"，10岁之后又跟着浪人儿岛一郎学习了神影流剑术。

贞刚在回忆往事时说，自己的底子是由剑与禅构成的。少年时代的剑术修炼似乎和其父亲的教育一样严厉。每天早上天还没亮就要练习剑术，儿岛的道场离贞刚家有1里多的路，夏天还好，冬天寒风刺骨。"不要因为自己的练习而麻烦别人。"少年贞刚牢记着师傅的这句话，严冬之夜，他睡觉前自己生好炭炉，准备好粥，睡一觉起来之后把炉子上的粥喝掉，然后就冒着细雪往道场赶去。21岁时，他获得了免许[①]称号。1861年，15岁的贞刚迎来了成年礼。幕末时期的大人物，在学习方法、所受教育上与现代人存在着方法论上的天壤之别。

[①] 译者注：免许指对流派成员传授该流派各种技艺的许可。获得"免许"称号，即获得可以告诉别人自己流派名字的资格。

为什么会出现蛰居族[①]?

与伊庭贞刚一样严格修行过剑术及禅宗的还有胜海舟和山冈铁舟。他们主动进行的修行对于如今的人来说,其辛苦程度是无法想象的,身心均经受了磨炼。他们的父母也是认可这些的。

在修行过程中,他们一定多次体会到了"真痛""真苦""真难受""我不行了"之类的心情,也三番五次地品味过挫折。与现在不同,幕末时期的修行不论文武都没有老师热心而亲切的指导。当时的老师不会具体地示范或做样板,而是让其从零学起。现在司空见惯的做法是细致入微地讲解道理,以免出现错误,幕末时则完全不同,修行就是经历不断失败的过程。

如今很难见到这种场景了。学生们在培训班里学的是"这样做就会很顺利""不会失败"的方法论。换而言之,学生们学习的是用最短距离(时间)找到规定性

---

① 译者注:指不出社会、不上学、不上班,自我封闭地生活在一个狭小空间的人。

问题答案的方法，然而，用这种方法，真的能够让学生掌握知识吗？答案不置可否。只是走过场，没有亲自体会或切身感受，就不能说深刻理解了。因此，不少情况下是，学生一离开考试题目就不会应用，知识没有变成自己的东西、实用的东西。不仅是升学考试，现代日本的所有问题都可以从这里找到根本原因。

大学的课堂、企业的工作现场都没有教如何用自己的大脑思考，努力在失败中找到正确答案的方法，借口是没有那么多时间。然而，有多少人会注意到我们牺牲的"利"有多大呢？翻开手边的《广辞林》查"失败"一词的含义时，出现的是"失误""失策""败北"等，也有"失败乃成功之母"。在失败的经历、体验中成长是非常必要的。如果不愿模仿自己曾经看到或听过的东西，想培养自己的独创力，只有不断一边喊着"真痛""真苦""真难受""我不行了"一边修行，才能真正地学会。

"这样做就会很顺利"，这种学习及工作方法效率高，但是如果发生了事先没有料到的问题或者结果与自己想的不一样，就会找不出处理方法或解决问题的对策。历史学家反复告诫我们要理解失败的特点，唯有经历失败。实验及研究就是不断地试错。

然而，现在的做法是，只从成功的经验教起，教给学习者"这样做就不会失败"，可以最快找到标准答案。这就导致学习者缺乏面对失败的勇气。因此，就个人而言，心灵脆弱的人层出不穷，失败之后很难重新站起来；从国家层面来说，大家只顾模仿，难以培养出具有创新能力的人才。据说，日本现在有60多万，也有人说是120万的蛰居族。他们如果生活在从前那种肯定小失败或挫折的价值的教育体制下，可能就不会这样了。

有人会对失败者说，"再努力一次！""你还可以努力"，同样也会有人鼓励蛰居族："你这样是不行的，要努力走出家门！"这些人可能是为他们好才这么说的，然而大多数情况下，只会出现副作用。这是因为，别人的鼓励只会给听到这些话的蛰居族带来痛苦。他们自己也迫切地想做点什么，可是身、心都无法动弹。大部分的责任，与其说在于他们没有经历过小失败或挫折，更应该说在于社会没有让他们去经历。无论怎样激发外在意识，只要心里的潜意识不变，人是不会变化的。

不知是幸运还是不幸运，伊庭贞刚生活的时代没有最短距离（最高效）取得成功的"宝贵"方法论，也没有教这种方法论的老师。人就只能从自己的经历中学习。学问和剑术都是这个道理。按照规定的方法、模式不断经历失败，在"真痛""真苦""真难受""我不行了"的喊声中逐步提高自己的能力，最后达到自我满足的境界。

当然，任何时代、任何国家都存在不成器的人。幸运的是，贞刚顶住了父亲及师傅严厉的教育，文武双全。当时，幕末社会动乱接近沸点，其父贞隆远赴泉州，贞刚终于从父亲的高压下解放了出来。这时，贞刚遇到了勤王志士西川吉辅。

由法官转变为商人

历代足利将军家的木制雕像一直安置在京都等持院（现京都市北区等持院北町），为了抨击幕府，勤王志士们将雕像第一代将军足利尊、第二代将军足利义诠、第三代将军足利义满的头砍下来暴晒于三条大桥。西川受此事牵连，成为政治犯，在靠近八幡町的江头村由亲戚监管。当时，尊王攘夷思潮风靡整个日本，青少年为此热血沸腾。生逢其时的贞刚把西川视为英雄，并跟随他学习了阳明学。阳明学主张知行合一，原本为与力①，后来发动了起义的大盐平八郎以及非常尊敬他的西乡隆盛都学过阳明学。

时间来到了1867年。这年10月，幕府奉还大政，12月发布了"王政复古大号令"，西川也摇身一变为新政府的官员来到了京师。来京都投靠西川之后，贞刚的人生发生了剧变。

1869年3月受命出任京都御留守刑法官少监察时，他23岁。7月，由于官制改革，他改任弹正巡察属。这两个官职相当于现在的警察、巡警，他并没有一步就被提拔到新政府的重要岗位上。这是因为他没有萨摩、长州、土佐、肥前佐贺这些实力雄厚的藩阀做后盾，在新

---

① 译者注：江户时代负责江户市内行政、警察及审判工作的官员。

政府没有人脉。然而，贞刚在工作上尽职尽责。生野银矿暴动时，他参加了镇压并获得了50两的奖金。另外，在新政府的要人大村益次郎的暗杀案件中，犯人神代直人（尊王攘夷激进派的长州藩士）差点儿在手续不全的情况下就被处以死刑时，贞刚提出异议，阻止了死刑。这些导致他后来在东京受到了审查。

然而，"祸兮福之所倚"。接受审查后，他直接开始在东京上班了。即使身处困境，他依然忍辱负重地坚持工作。1871年1月发生了参议员广泽真臣（长州藩士）在九段的家中被刺客袭击而亡的案件。为了逮捕嫌犯大乐源太郎（长州藩士，据说还参与了大村益次郎暗杀案、长州藩诸队离队骚动），贞刚作为弹正大巡察被派往长崎。最后，大乐死于窝藏了他的久留米、柳河两藩的藩士之手，逗留在长崎的贞刚因此得到了接触文明开化新时代的机会。新政府的机构朝令夕改，废除弹正台、刑部省，新设司法省之后，贞刚升为少检事。1872年6月成立函馆法院，10月，他受命赴该法院工作。虽然在官场春风得意，但是他心中对官场的不满越积越多。1876年，他调往大阪法院，第二年9月受命出任大阪高等法院判事①。然而，还不到两年，1878年12月贞刚就提交了辞呈，第二年2月便毅然离开了官场。

十年星霜，明治政府使维新大气魄萎靡不振，鲠骨不羁之士相继下野，尤其是西南战争之后，官府风气顿弛，暮夜偷偷出入权门势家，仰其鼻息之辈层出不穷。

贞刚厌倦了萨长藩阀的新政府而辞职，而广为流传的是，他是想回到老家当个郡长，和父母、妻儿一起生活。据说返乡之前，他去拜访了舅舅广濑宰平，本打算去告辞的。可是，宰平看到这个33岁的外甥，没有让他回老家，而是热情地邀请他进住友工作。

贞刚离开官场的第二个月，准确来说是2月1日他接到的调令，上面写着："经考试录用，待遇按照二等处理，在重任局（铜矿办事处）工作。"起初工资只有原来当法官时的一半，可5月份就升到了分店经理（一等）。与"以力服人（刚）的宰平"相反，贞刚是一个

---

① 译者注：日本法官官名之一。

"以德服人（柔）的人"。为了解决后顾之忧，全身心地投入别子铜矿，宰平说服贞刚加入了住友，把他培养为自己的左膀右臂。

一波未平一波又起

升任住友总店的支配人之后，贞刚主要负责在大阪商界的工作。他曾担任过商业会议所（后来的商工会议所）议员、大阪市参事会会员（名誉职务），还为创设大阪商业讲习所（大阪市立大学的前身）发挥了积极作用。另外，他还大力支持日本纺织行业的先驱山边丈夫，并参与了日本第一家纺织企业——大阪纺织公司（后来的东洋纺织公司）的创办（1882年）工作。

山边被涩泽看中之后赴伦敦大学留学，本来学习的是经济学（尤其是保险），可是涩泽希望他学习纺织。他原本是津和野藩俸禄4.3万石龟井家下面的藩士，曾就读于藩校"养老馆"（现津和野高中的前身），是一位优秀的人才。该藩校还培养出了与涩泽及小栗忠顺关系密切的西周和文豪森鸥外。山边在曼彻斯特附近布莱克本的一家纺织厂一边打工，一边跟着老板布里格斯系统学习了工厂的运营机制。

贞刚非常关注生丝和棉纱产业的发展，认为以中国地区为主要消费市场的棉纱生产，关西是最适合的生产地。因此，他非常支持在英国掌握了纺织技术的山边，然而刚起步时，却接二连三地遇到了无法描述的困难，好不容易等到经营走上了正轨时，一场大火烧光了一切（1892年），厄运如影相随。

山边面对着废墟呆若木鸡，这时贞刚又向他伸出了援助之手，第二年重新修建了工厂，然而后面更大的考验在等着贞刚。擅长开拓式经营的宰平整合了大阪的船舶业务，创建了大阪商船公司（商船三井公司的前身之一）。1882年，该公司垮台，给贞刚留下了一个大烂摊子。

1877年爆发的西南战争让人们认识到船舶业务有利可图，日本各地开始经营五花八门的汽船业务。这导致整个日本都缺乏熟练的船员，无序竞争引发了多起事故。政府希望已经拥有前往朝鲜半岛的航线及汽船的住友作为协调人整合关西的汽船公司。贞刚认为操之过急，提出了反对意见，而生性好强的宰平爽快地答应了。他以铁腕之力、雷霆之势做成了这件难事。

大阪商船公司成立仅一年半，经营就陷入了僵局。很多船舶质量差，燃料费居高不下，恰好又碰到了经济大萧条，再加上股东与管理层原本就是"乌合之众"，于是摩擦不断，公司陷入了不可收拾的状态。

其部分原因在于宰平的性格，但是贞刚已经预见到了会发生大骚动。所以，大阪商船公司成立时，不管宰平怎么劝，他都不肯把自己的名字写进管理层名单里，做到了倒推及假想演习。

1886年2月，为了打开局面，召开了临时股东大会，贞刚这才就任公司董事。他立即将自己很早就想好了的对策，如促进股东与管理层之间和睦相处，疏通管理层之间的意见，筹措资金，改良船舶等都付诸实施。仅用了两年半的时间，公司就起死回生（1888年11月，贞刚辞去了董事一职）。伊庭极力主张：发生了难办的事，就自告奋勇去办；难办的事解决之后，就急流勇退，给后来人让路。

后来，贞刚再次在大阪商船公司的请求下在1896

年至 1911 年的 15 年间担任监事。现在还流传着一则关于他 1911 年辞去监事一职之前的故事。当时的社长中桥德五郎（后任文部大臣）准备提交给股东大会的决算报告有明显的漏洞，贞刚事先知道这个情况，因为有人告诉了他。然而，他没有做任何修改就去出席了股东大会。不出所料，股东大会围绕着数字吵成了一团。这时，贞刚慢条斯理地站了起来说："这份结算报告，我逐一细致地检查过，没有发现一分一毫的错误，我的汇报完毕。"话音刚落，整个会场变得鸦雀无声，股东大会顺利闭幕。后来有人问他发言时的真实想法，他说："所有事业都取决于人，形势时时刻刻都在变。只要总经理诚心诚意为公司鞠躬尽瘁，经营基本方针没有走歪，周围人就会出手相助，以免方针中途夭折。这样做的结果既有利于公司，也有利于股东。"这后来成了"住友精神"。

那段时间，有些人了解到大阪商船公司内部情况不妙之后，劝贞刚与其一刀两断。这时，他也用后来的"住友精神"说了下面一段话。"大阪商船公司是住友下大力气创立的。如果公司情况不好，我们就必须努力把它搞好；如果经营者不好，那就另选一个合适的经营者。公司好的时候黏着它，不好的时候就一刀两断，这种人没资格谈论股份公司。住友的人更是如此。"

贞刚经常不看部下拿来的文件就盖章，他说："公司领导在任期拼上性命也要盖的章也就两三次。"他认为上司的使命是部下失败之后承担责任，坚信组织运营的精髓在于下放权力，责任集中。他深知这才是提高部下的士气，最大限度调动其积极性最好的办法。

避免分崩离析危机的秘诀

1890年，贞刚从滋贺县参加了众议院议员选举，并顺利当选。然而，前一年隐退的住友家的家主友亲于11月23日病故，祸不单行，7天后，现任家主19岁的友忠又猝死。住友家只剩下了友亲的遗孀和友忠的妹妹，住友面临着危机。这时，贞刚决定致信众议院辞去议员，同时从众多的公职中抽出身来，协助宰平，专心为住友家工作。

这个时候，贞刚也做到了倒推及假想演习。在背后操纵经济界的政界元老井上馨认为住友家的这场悲剧"奇货可居"（机会难得，要抓住好好利用），对住友家的家主人选指手画脚。宰平和贞刚对此强烈反对，考虑到与其他商家结亲或建立收养关系的话，会因为这种亲戚关系而生出的干涉和制约，他们毅然决定迅速请友忠在学习院上学时的同学德大寺隆麻吕来继任。

公家出身的隆麻吕担心自己不了解实业界，犹豫不决，这时贞刚把他和他的大哥德大寺实则、二哥西园寺公望、三哥中院通规请来，对他们说："住友的财产不值一提，不过就是靠炼铜赚了一些钱，所以你把它弄垮了也没关系。"听闻此言，隆麻吕终于应承了此事，并改名为住友吉左卫门友纯（1893年4月）。住友家负责经营的掌柜巧妙地挑选了作为公司招牌（出资人）的家主，顺利地解决了继承人问题。但是，这段时间住友分成了两派，发生了激烈的内讧，这场冲突又引发了新的摩擦，事态已经恶化到了刻不容缓的程度。这样下去的话，住友可能会分崩离析。

1894年1月，贞刚下决心去一趟别子铜矿。临行前，他把禅友峨山老师叫来，向他托付了伊庭家的所有后事。老师说："你就放心去吧，我帮你善后。"他带着老师的这句话，怀里揣着一本临行前老师送给他的《临济录》，来到了杀气腾腾的铜矿。他只带了1名随从，不是护卫，而是谣曲师傅。这可能是因为贞刚觉得自己的剑术非常高超吧。

人们认为，既然进入了虎穴，就应该快刀斩乱麻地解决问题，可是贞刚却纹丝不动。铜矿原本以为贞刚是宰平的外甥，反对派员工肯定会被调走或者大批解雇，从而平定内讧。然而，反对派对贞刚每天的行为百思不得其解，觉得非常蹊跷，甚至有些扫兴。

贞刚在山里面搭建了一座简朴的草庵，除了欣赏谣曲，就是在铜矿与新居滨（1888年开工的冶炼厂）之间转一转，逢人便打声招呼："辛苦了！"员工们问他每天干些什么，他总是笑着回答说："我在练习吟诗，每天上上下下的。"

其实，与他说出来的话完全相反，他内心的忧虑与日俱增。除了矿里的对立，还要处理烟雾公害。这些都是亟须解决的难题。修改规则，加强管理，决定劳动者的录用这些都不难，但这些都是不负责任的对策，并不是对症下药的做法。贞刚想趁此机会加强与员工的意见沟通，让住友团结一心。他没有具体地谈过当时的心境，下面借同样学习了剑术及禅宗的胜海舟的话来说说。

遇到危险逃不掉的时候，我就拼命扑上去，然而奇怪的是，我从来没有死过。这是因为精神上的作用很大。

一旦快胜利了的时候，就会急于求成，头脑发热、心潮澎湃，反而跌倒，进退失度，从而不能免于灾患。有时还会立即出现退缩情绪，想逃跑进入防御，从而让对方抓住了机会。事情不论大小都该受规律的支配。

我深刻领悟到了人在精神上的作用，总是把胜负置之度外，处事虚心坦荡。因此，往小了说，得以避免刺客及鲁莽之人带来的灾厄，往大了说，得以游刃有余地应对瓦解前后的困境。归根结底，这些都是从剑术及禅宗二道学到的财富。(胜部美长编《冰川清话》)

遇到大事时要做到游刃有余

胜海舟在《做一个游刃有余的人》一文中反复强调过这一点。

现在哪里还有做事游刃有余的人?现在,每个人看上去似乎都拥有很多东西,然而在我的眼里却什么也没看见。空无一物!说起这一点,我就会想起西乡(隆盛),他常说:"人们所说的独当一面的工作不过尔尔!"

瞧!游刃有余是这样的。……你们没看到吗?世上很多人都长着一具庞大的身躯,却为一些小事担心,结果心烦意闷。这可不行!他们做不来天下大事。……无论做什么事,都必须进入无我之境。彻底悟道的最高境界不过是"无我"两个字。不管怎么修禅,都做不到这一点的。一旦有事,大多数人就会乱了方寸。

从前有剑客说:"一刀砍下去,瞬间变地狱。埋头闯进去,前面极乐境。"这首诗虽然蹩脚,却隐藏着无我的真谛……17、18、19岁的三年时间里,血气方刚的我修炼了击剑，还修了禅，锻炼了自己。这段修炼经历对我非常有用。

贞刚试图解雇宰平的部下、别子铜矿的支配人久保盛明，掉转矛头起用与反对派有关系的人，并让宰平隐退。他这种各打五十大板的做法并不顺利，因为对手不容小觑。贞刚经过惨淡经营，最后借助住友家家主的亲哥哥西园寺公望的力量成功地向宰平发出了最后通牒。贞刚当时一定承受了断肠之苦，然而作为住友的掌柜，他有自己的立场。后来，他迅速实施了一系列完善措施，例如将出现了公害问题的新居滨冶炼厂迁往濑户内海的四阪岛（现爱媛县今治市），三角坑排水，开挖第三主坑道，停止湿法冶炼等。贞刚为此在别子待了 5 年之久。

当时，前面提到的古河市兵卫经营的足尾铜矿因为渡良濑川决堤引发了矿毒公害，在社会上引起了广泛关注，国家令其修建预防工程，这是 1897 年的事情。在这前一年，贞刚就计划将冶炼厂迁走以解决烟雾公害。为此，他把因为与宰平意见不合而出走的冶炼工程师盐野门之助叫回来制定方案。贞刚急着把四阪岛买过来用，有部下问他："如果这块地不适合做冶炼厂，您打算怎么办呢？"他回答："那我就自己把岛买过来种桃子。"

不仅是烟雾公害，那时的日本急于实现富国强兵、殖产兴业而忽视了环境及当地居民。当时，最优先考虑的是维护独立国家的尊严，所以人们都支持这种做法。在这种时代背景下，贞刚的决定实在非常特别，住友友纯也支持贞刚提出的解决烟雾公害的方针，显示出了其划时代人物的魄力。对友纯而言，"给老百姓造成损失，听到老百姓的怨声"是自己作为住友家的一家之长最难受的事情，在他心里，坚守传统，不能污辱住友的门第的想法占有极其重要的地位。

坚定不移地信任别人

在贞刚的工作中还有一项不能不提的事是宰平退下来之后，1895年5月由其主导在广岛尾道召开的领导干部大会。这次大会具有划时代的意义，它确立了值得在日本企业经营史上大写特写的领导干部大会制度，开创了企业向近代化组织转变的先河。

在此之前，正如宰平那样，企业经营是由大权在握者独断专行地决定方针、政策。贞刚扭转了这种运营模式，决定通过合议方式制定发展的方向。在尾道召开的这次领导干部大会商量了有关环境的问题，决定成立住友银行和新建住友总店，为住友后来的多元化经营指明了方向。

1897年4月，住友收购日本铜厂成立了住友铜产品加工厂，兼并大阪铜厂作为铜产品加工厂的分厂，还收购日本铸铜所成立了住友铸铜厂。这些收购与兼并都为后来的住友金属工业公司奠定了基础。此外，1899年，住友还在住友总店成立了仓储部（后来的住友仓储公司），并开始利用去除烟雾有害成分技术生产肥料（后来的住友化学公司）。

贞刚坐上总理事的位子不久，就用"东洋最高工资"聘请了担任未来的外务大臣的呼声很高的日本银行理事河上谨一，任命其为住友总店理事。他还把农商务省参事官铃木马左请来担任住友大阪总部副支配人，并让他立即出国考察。通过这些举措，他为住友的将来提供了人才保障，培养了人才（铃木后来作为贞刚的接班人出任第三代总理事）。贞刚心怀理想，特别急的事情另当别论，总体而言他奉行的是渐进主义。"常怀理想，在现实中先发制人唯有一步一步地往前走。"

1904年2月，他在《实业之日本》上发表了题为《少壮与老成》一文。其中有这么一段话："紧握一个目的，一代不成，则花两代、三代人的时间去做，只要有此决心并努力尽人事，成功就会应天地理法自然而然地到来。"

晚年时，他曾经说过自己真正完成了的事业只有别子的植树造林。他认为铜矿业务导致的公害是经营者的责任，要把荒废了的山河重新变为绿水青山。用现在的话来说，这就是企业的社会责任。

他之所以能够达到这么高的境界，是因为他不急着立功，不被眼前的利益蒙住双眼，能够韬光养晦。他之所以能够取得成功，是因为他下决心把宰平的做法作为反面教材，信任部下，给部下创造机会，最大限度地发掘其能力，所有的责任自己承担。贞刚还坚定不移地信任别人，他说："最有害于业务发展进步的不是年轻人的过失，而是老年人的跋扈。""我坚信，老年人最重要的是不去阻碍年富力强的后生大显身手。"当时，贞刚58岁。

同年7月，他辞去了担任了四年的住友总理事一职，让位于比自己年轻10多岁的铃木。在离开住友家时，他吟诗一首。

晓钟悠扬处，

缤纷花落时。

然后便像树叶一样飘然地挥手而去。此后，到1926年10月25日，他一直隐居于滋贺县石山之地，与花鸟风月为友过着宁静的生活，号幽翁，享年80岁。

大仓喜八郎

在生命与利益的抉择中不断取胜

转眼就成男子汉

大仓喜八郎一手打造了仅次于三井、三菱、住友、安田的大财阀,在回顾自己的一生时,他写了一首自己拿手的狂歌①。

渡过浮世桥,
回头看险象环生,
我命犹在矣。

据说,这首狂歌写于 1911 年之前,当时,喜八郎

---

① 译者注:日本古典文学样式之一。

应该已经年过七旬了吧。在 92 年的生涯中，他创立并在经营上大显身手的企业中，现如今依然屹立不倒的有大成建设公司、札幌啤酒公司、帝国饭店、帝国剧场（由东宝运营）、日清奥利友集团、日生同和财产保险公司（爱和谊财保公司、日生同和财保公司、三井住友海上保险公司合并之后成立的 MS&AD 保险集团控股公司的子公司）、特种东海纸业公司、丽格公司及日皮公司（两家公司互为第一股东）、日本化学工业公司、东京钢铁公司、日本无线公司（JRC）、中央不动产公司等。

由他捐款成立、运营的学校有东京经济大学、关西大仓学园、韩国的善邻互联网高中（善邻商业学校的后身），我们还不能忘记日本第一家民办美术馆大仓集古馆。著名的大仓饭店是喜八郎的儿子喜七郎为了超过帝国饭店而在其宅邸的遗址上修建而成的。

大仓喜八郎是如何赤手空拳地一手打造了财阀的呢？答案就在开头的那首狂歌里。他相继面临着要命还是要利，换言之就是要么死要么发财的局面，他最终从这种极端危险的日子里走了出来。下面这首狂歌道出了他的秘诀（吟于 1920 年大仓商业学校成立 20 周年纪念典礼）。

幸福之神灵，

望保佑自立自强、

诚心诚意人。

他听说天海僧正寄给德川家康的书信中写着"麻痹大意是大敌，注意小事"之后，说道："对！所言极是！"并吟了下面这首诗。

小事不上心，

不躬身反省者，

无以成大业。

他一边拿命去赌博，一边小心谨慎地做事，避免麻痹大意。30岁的时候，他赶上了明治维新。大仓喜八郎在1837年9月24日出生于越后国北蒲原郡新发田（现新潟县新发田市）城下町①一个村长的家里。他家祖辈开典当行，他很聪明，小时候生活无忧无虑。然而，父

---

① 译者注：日本指以城堡为中心发展起来的市镇。

母相继去世之后，喜八郎没有了顾虑，立志成为一名商人，18岁时来到了江户。临行之前，姐姐给了他20两钱，换算成现在的货币，相当于七八十万日元。喜八郎揣着这笔数目不小的钱，来到了江户。

很多大仓喜八郎传中都会介绍他去江户之前发生的一个故事。和他一起上私塾的朋友的父亲（町人）在路上遇到了一个目付级别的藩士。这位父亲按照规矩跪在地上行礼，不巧刚下完雨，路上泥泞不堪，于是他穿着木屐就趴下了。结果，他受到责备并罚闭门思过1天。在附近看到这一幕的喜八郎由此明白了武士与町人存在着天壤之别，他无法继续生活在这个狭隘的世界里，于是下决心去江户。可是，即使他到了江户，町人还是町人。

来到江户的喜八郎结识了前面提到的安田善次郎，两人意气相投。其实，他俩的外貌截然不同。善次郎不胖不瘦，颜值很高，是一个帅哥；而喜八郎腿短、身子长，一张大脸总是凶巴巴的。他的嘴唇很厚，向外翻，上面还长着一个朝天鼻。他17岁之前写过这样一首狂歌：

皮囊罩骨头，

美男一副好面相，

令人神魂倒。

　　喜八郎在麻布饭仓的鲣鱼干店当了3年店员，然后自立门户在下谷开了一家大约3.6平方米的小干货店，取名"大仓屋"。这是1860年的事情。

今为卖鱼郎，

转眼就成男子汉，

顶天又立地。

　　到这里为止，他的经历并没有什么稀奇的，和现在的商人独立创业的情况一模一样。喜八郎做生意的本钱是临行前姐姐给他的20两钱以及他打工赚的5两钱。然而，仅靠这些是不可能打造出财阀的。

要与时共进，

此言如鞭抽我心，

激励我前行。

喜八郎逐渐切身感受到维新的脚步越来越近,社会越来越动荡不安。然而,做着小本生意的他,弄不懂天下大势。他每天早上起床之后就去河边买鱼,白天在店里卖鱼,晚上去松坂屋吴服店仓库旁边摆地摊,一天到晚不辞辛劳地干活儿。作为干货店的老板,他努力看报纸,了解社会。他心里闪烁着一步就把生意做大做强的想法,私下打算去卖步枪。

拿命换钱

后来的很多评传中都谈到,喜八郎是因为转而去卖步枪才成功的。当时,只要是有先见之明的商人,都知道卖步枪是一门赚钱的生意。这门生意的确赚钱,但是不能忘了它也是一门危险的生意。从当时的局势看来,没有比这更危险的生意了。另外,做杀人武器的生意,说起来名声也不好。所以,不少人明知这是赚钱的买卖,但顾及随之而来的各种各样的危险及不利之处,往往犹豫不决就知难而退了。

经营干货店既没有危险，也不用在乎面子，就是业务很难一步做大做强。喜八郎的过人之处，或者说值得我们学习的地方是，轻轻松松地化解了巨大的风险。暂且不谈这笔买卖的对错，他在做决定时是舍生忘死的。

喜八郎从干货店老板转型为步枪商的那一刻就是他人生的起点。之后，他经常是拿命换钱，走过了异常艰辛的道路。1865年（离明治维新还有3年），喜八郎来到刚对外开放的横滨港，亲自检验了刚上岸的一大批步枪。然后，他回到江户关闭了自己的干货店，在神田和泉桥路租了一间房子，每天去八丁堀的铁步枪商小泉忠兵卫那里实习。

喜八郎胆大心细。他早上6点上班，到处推销步枪，一直忙到晚上。他认为这都是为自己好，所以再累的活儿都不嫌苦。大约4个月后，喜八郎基本上学会了做生意的门路，于是他给老板立下字据：我绝不会抢您的生意。之后，他就在和泉桥路开了一家步枪店。这一年，他29岁。

就算步枪生意是赚钱的，他又很拼命地入了行，但仅靠这些是不可能取得成功的。不管做哪一行，都是需要本钱的。与其他商品不同的是，步枪是当时最贵的商品。

步枪售价高，进价也高，所以喜八郎的老板忠兵卫才那么轻易地同意了他这个实习生自立门户的。否则，忠兵卫应该会挽留已经掌握了经销业务诀窍，准备自立门户的喜八郎。那么，喜八郎是怎么弄到本钱的呢？一言以蔽之，他是拿命去换了采购资金。刚开业时，既没有信誉，又是新面孔，还缺乏资金的大仓屋靠吹洋喇叭、敲大鼓来吸引眼球，但是店里都没有一支实物步枪。一接到步枪的订单，他就把所有的财产都投进去，或收到预付款之后再去东拼西凑，然后亲自赶往横滨的外国商馆采购。第二天就必须让客人看到实物，否则就失去了信誉。对于新成立而且小门小户的大仓屋而言，失去了信誉就意味着失去了一切。哪怕是通宵达旦，也要采购回来。

去横滨必须经过铃森刑场。那是个强盗白天都会杀人越货、拦路抢劫的地方。本来社会就动荡不安，却怀里揣着一大笔钱来来往往的。如果运气不好，受到坏人袭击的话，不仅商品会被洗劫一空，就连大仓屋也只能当场倒闭了。如果已经收了预付款的话，那根本就无力偿还了。不仅如此，弄不好，连命都可能丢了。

喜八郎就这样游走于生死之间，胆战心惊地在江户与横滨之间跑来跑去，而且是一次又一次的。这个生意是得还是失，划算还是不划算？仁者见仁，智者见智。一般而言，这是不合算的，所以注重信誉、资金宽裕的商人都没有染指步枪业务，一些老字号的步枪商也早就关门停业了。

喜八郎正颜厉色地说："除了命，我没有别的东西可以失去了，我已经做好了随时舍弃这条命的心理准备。"他全心全意地做着这门危险的生意，就像一场赌博。他有时把现金藏在轿子顶上或者布垫下面，回来半夜经过铃森刑场时，用手指勾着步枪的击发器，做好随时开枪的准备。就这样，他用很短的时间就发了大财。

拼死一搏

1868 年 5 月，官军已经进入江户。同时，彰义队

3000人固守在上野山上,就在激战一触即发的前一夜,喜八郎被彰义队的人带到了他们在山里面的驻扎地。

5月14日的晚上,20名左右彰义队的人骑着马来带走了大仓,头一天晚上在芋坂已经有两个步枪商遭到了杀害。战争一触即发,山里面杀气腾腾。他们马上把喜八郎带进了寒松院(上野东照宫的别当寺),一个大将模样的人怒吼:"你这个家伙把步枪卖给官军,却对我们彰义队说没有,不卖给我们。真不像话!证据都在我们手里呢。"当时,大仓如果说错一个字,就有可能被杀头。他在商言商,奋不顾身地回答说:"官军会给我钱,你们把东西拿走却不给钱,所以我没有卖给你们。"

当时,对方身穿战袍,背对金屏风坐在一条长凳上。周围的武士佩着长刀,手握刀柄。大仓心想这下完了,没想到对方话锋一转,提出:"我们可以一手交钱一手交货,你有米涅步枪卖吗?我们要300挺,3天内必须交货。"大仓接下了这个订单,可是第二天仗就打了起来,他也不必交货了。

喜八郎于上野彰义队战争的当天将店从神田和泉桥路搬到了日本桥十轩店。之前的干货店是租的房子，这次是自己的房子。

彰义队被剿灭之后，又爆发了戊辰战争。西日本比较早就开始勤王，变成了官军，而东日本的很多藩还站在佐幕派的立场，不承认官军，摆出一决胜负的态势。在上野打输了的彰义队以及新选组的余党把希望寄托在奥州各藩上，纷纷东上，转战各地与官军交火。

在战争最激烈的时候，喜八郎收到了东北地区唯一的勤王方——津轻藩的江户家老西馆平马发来的采购2500挺步枪的订单。津轻藩在向大仓屋发出订单之前，肯定咨询过规模更大的一流步枪商，但他们都因为危险系数太高而犹豫不决，最后没有接这单活儿。

津轻藩深处本州腹地，途中都是佐幕派各藩领地，而且冬天海上风浪很大。津轻藩缺乏资金，所以提出如果能把步枪运到青森，就可以用1万包大米做货款。步枪及大米的出货、装运等都很麻烦。步枪的数量这么多，一旦失败，则会造成不可挽回的损失，想东山再起是不可能的了。这时，喜八郎作为步枪商已经有了一定的信誉，即使回绝也不会有失体面。然而，他一口应承了下来。

他马上把大仓屋的所有财产都变现去横滨采购了步枪，和德国商馆签订了一份史无前例的合同，约定支付1万两的运费租用往来于江户与青森之间的运输船——帆船；大米装船万一超过了5天，则每天赔偿500两。当时，有人建议给船上的货物购买保险，喜八郎听后断然拒绝，他说："试试运气吧。"如果遇到船只严重破损或其他麻烦，那就怪自己运气不好。在今后的人生中，很难取得这样的成功了。他说，自己无妻无子，即使死了也没有后顾之忧。

真是越怕什么越来什么，船在海上遇到了暴风雨，还没到青森，就被冲到了敌方的老巢箱馆（后来的函馆）。如果被登船检查货物，就功亏一篑了。喜八郎指示德国船长升起德国国旗，拒绝登船检查。船上，船员在一问一答，喜八郎和3名手下躲在船底，手下们都吓得魂不附体，而喜八郎和平时一模一样，大口地吃着饭团。

经过一个昼夜的交涉，船向青森驶去。接下来，在一手交步枪一手装大米的阶段又遇到了麻烦。去往箱馆的官军要强行征用小船，所以大米无法装船。可是，如果超过了合同约定的期限就会产生违约金。喜八郎决定拼死一搏。他召集了一些船长和码头搬运工，让他们穿上短外褂、紧腿裤，插着刀，自己则把从寺里的和尚那里要来的金锦缎撕成布条贴在他们肩上，假扮官军四处去征用小船。如果被发现了就是死罪，然而，喜八郎一辈子都是这样，对死亡的恐惧感弱于常人。也许，最初是打肿脸充胖子，可是不知不觉中就真的变得沉着冷静了。

第一次出国考察

喜八郎的步枪生意越做越大。借着明治维新的东风取得了飞速发展，喜八郎开始思考接下来做什么生意，可是想不出好点子。1872年7月，他突然雇了1名翻译踏上了前往美国和欧洲的旅程。

当时，他36岁，年富力强，长达一年半的时间都不在日本（在伦敦逗留了10个月）。一般来说，这是一个大损失。那时，日本正在快速实现近代化，如果不身临其境，则无法开展任何业务。他拼命发展起来的大仓屋业务也因此荒废了。然而，对孤注一掷地走过来的喜八郎而言，这次出国考察不过是延续了自己一贯以来的做法。他认为靠步枪发大财的时代已经过去了，在外国寻摸能够取而代之的生意，比如生丝、茶叶。不久的将来，日本的衣食住行都会全面欧美化，他在思考新的业务增长点。

回国后，喜八郎立即以直接进口贸易为中心，在银座二丁目成立了大仓组商会。1874 年，他在伦敦成立了海外分店，并设两名驻外工作人员。这是第一家日本企业驻外分店或办事处。出国之前的 1871 年，喜八郎在日本桥本町开了一家西装店，取得了不小的成功（两年后，福泽谕吉也在三田开了一家裁缝店做西装）。"大仓组的西装店是东京当时最时髦的店铺。"

这次出国考察除了获得上述实务及实际利益，还间接地给他带来了巨大的好处。在伦敦逗留期间，他有幸遇到了日本政府的代表团——岩仓使节团。使节团里除了特命全权大使岩仓具视，还有副使大久保利通、木户孝允、伊藤博文等政府要人。他们听到喜八郎的传闻之后，觉得他一个商人自掏腰包拿出这么多钱出国进行商业考察，实在令人钦佩。为了交流信息，他们宴请了喜八郎。尤其重要的是，如果没有遇到大久保，喜八郎后来的生意即使可以得到长足的发展，也不能获得2倍、3倍的飞速发展。喜八郎的出国考察收获巨大，而生意却和从前一样高风险，甚至有些悲壮。

不惧毁誉褒贬

1875年，38岁的喜八郎娶了22岁的妻子。这不是想要过上悠闲隐居的日子。相反，他的事业心更加旺盛，因为看不上那些优柔寡断的企业家，第二年他亲赴韩国开展了日韩之间最早的贸易。在1877年的西南战争中，他活跃于商界，没有辜负大久保的期待。

7年后，喜八郎再次赴海外考察，在美国期间，为了建立日本绿茶出口渠道，他遍访各州进行展示，之后去了欧洲。在那里，他注意到了电气业务。回国后，他在银座大仓组商会的二楼放置了一台发电机，点亮了2000烛的弧光灯，这也是日本最早的路灯。

当时的日本只有煤油灯和煤气灯，弧光灯让晚上亮如白昼，因此大受欢迎，和同年开通的马车铁道一起成了银座的独特风景。每天晚上，人们成群结队地穿梭其中。这情景还被画进了浮世绘版画中。这些弧光灯并不是喜八郎买来的，而是热情推销的美国卜拉策商会用来展示的，喜八郎不过是把场地租给他们放置发电机而已。这场宣传大获成功。

1890年东京至横滨之间开始普及电话，最早使用的是大仓组商会。就连札幌啤酒公司的前身——大仓组札幌啤酒厂也是喜欢新鲜事物的喜八郎创办的。然而，喜八郎由于过于强势而经常受到诽谤中伤。不过，他对自己用命换来的事业充满自豪，不论别人说什么，他都当耳旁风。

1899年，喜八郎在帝国饭店举行了自己结婚25周年贺宴，然后出资50万日元创办了大仓商业学校。该校以外语教育为重点，旨在培养具有国际视野的日本商人。他不仅出资，还一家一家地拜访校舍建设用地的所有权人，低头恳请他们出让土地。

大仓财阀最鼎盛时拥有多达300家的关联公司，称霸于产业界。喜八郎的与众不同之处在于，其他财阀都将资本倾注于银行，而他把资金都注入了产业。他说："我的生命就是事业，银行之类的谁都会经营。振兴产业，为国家做贡献才是男子汉的体面。"他始终奋不顾身地专心于事业。1928年4月22日，喜八郎与世长辞，享年92岁。

喜八郎凭借无与伦比的事业心、好奇心以及奋不顾身的斗志而经营壮大的大仓财阀在其死后便迅速走向了衰败。是运气用完了吗？不是！拿命去做生意，或许只有大仓喜八郎才能够做到。或许他的失败之处在于，没有像伊庭贞刚那样确立领导干部合议制，没有改变自己的工作作风。他的一生可以用一个词来概括，那就是波澜起伏，是任何人都无法复制的，也是任何人都不会去复制的。

第三章 先见力

岩崎弥太郎

描绘未来蓝图并奋力实现梦想

令人绝望的人生起跑线

人生不是一场田径赛，根本就不会有站在同一条起跑线上、按照同样的规则、朝着同一个目的跑的情况。换言之，人生本来就是不公平的。各人的起跑线不同，终点也千差万别。因此，把自己和别人进行比较，对差距愤愤不平是无济于事的。但是，人人都会对起跑线上的差距唉声叹气，牢骚满腹。一旦遇到逆境或困难，人们就会自我嗟叹，抱着一颗破碎的心咀嚼着失败，在自我抚慰中浇灭满腔热血。

然而，历史上有些人却能不囿于自己的出生环境，奋不顾身地走出去，一心向上，从而取得了成功。例如一手打造了日本最大、最强的企业集团之一三菱的岩崎弥太郎就是其中的代表之一。岩崎弥太郎的出生环境是非常糟糕的。意大利佛罗伦萨的外交官、政治思想家马基雅维利在《君主论》一书中写道："命运支配我们一半的人生，并将剩下的一半交给了我们自己。"

江户时代的土佐藩（现高知县）俸禄20.26万石的山内家有一种名为"地下浪人"的特殊身份。这些人是武士又不是武士，而且也不属于农、工、商。德川幕府体制下，土佐藩在300诸侯中以严苛的身份制度而出名。战国时代称霸四国且在关原之战中不战而败的长宗我部氏的旧臣，即下野武士的后代乡士与藩祖山内一丰率领下入封土佐的山内家家臣藩士（上士）之间有秩序严格的藩法规范彼此的行为，等级森严。例如，两者不能同席；下雨时，藩士可以穿着木屐，乡士虽然身为武士，但必须光脚走路，没有资格参加藩政；在路上遇到藩士时，乡士必须和农、工、商阶级的人一样跪地行礼。即使被藩士砍杀，乡士也不能去告状。

地下浪人比备受武士鄙视的乡士地位还低一级。他们原本是乡士，后来卖掉了职业和规定的经营特权。虽然藩内睁一只眼闭一只眼地允许他们取姓和带刀，但他们没有武士拥有的其他特权。这群人处境很是可怜。乡士们在藩士那里受到屈辱后，就把怨气和怒气发泄到地位更低下的地下浪人身上。地下浪人把乡士微不足道的特权都卖了，说明他们生活困难，只能勉强糊口，极度贫困。一些说话刻薄的乡士在背后嚼舌根说："瞧！那个穷鬼走路时还别着两把刀。"

在当时体制下，地下浪人连温饱都得不到保证，更没有出人头地的希望。他们只有两条出路：一是打肿脸充胖子，二是破罐子破摔。很多地下浪人虽清高，但对自己所处的生存环境无能为力，挣扎在痛苦的深渊里。岩崎弥太郎于1834年12月11日出生于地下浪人的家里，他是家里的长子。在回顾他"死皮赖脸"的一生时，这一点是不容忽视的重要原因。他总是像土佐犬一样睥睨着四周，有着傲岸不屈的性格。尽管出身卑微，弥太郎却打造了一个财阀。他是如何取得成功的呢？

他不想成为一条败犬[①]！当屈辱与贫困袭来时，他

[①] 译者注：比喻像丧家之犬一样失败的人。

不怨天尤人，哪怕是虚张声势，也要拼命反抗。他的这种性格正是打造三菱的原动力。

往上爬

弥太郎的父亲是一个典型的没有能耐且好吃懒做的男人。他好逸恶劳，只要弄到一点儿工钱，就从早喝到晚，喝醉之后就和别人吵架、吹牛，村里人都讨厌他。如果弥太郎没有极其强烈的摆脱现状的志气，他可能就会和他父亲一样，作为地下浪人度过令人唏嘘的一生，因为他的性格酷似父亲。他母亲的娘家是镇上的医生，他因此有幸跟外祖父及姨父冈本宁浦学习一些基础知识。

当时，要跨越身份及门第的鸿沟出人头地，只有从武艺或者学问两者中选择一项。好胜心及好学心强于常人的弥太郎选择了两者中的后者，然而并没有记录显示评价他为神童，也许是与他的剑术水平相比，他在学问方面更胜一筹。

不过，弥太郎具有出类拔萃的先见之明。他觉得在土佐乡下没有出头之日，只要去江户就能赢得功名利禄。下定决心之后，他就付诸行动。他发动所有关系当上了儒学家奥宫慥斋的仆从，于1854年成功地来到了向往已久的江户。

1853年，佩里率领4艘"黑船"打开了日本的大门。日本开始进入了动荡不安的时代，然而对于一个地下浪人的儿子来说，社会正在发生剧变这件事情太大，他当然没有这样的先见之明。当时，弥太郎只有21岁。第二年，他进入了曾在幕府学校昌平簧担任过教职的安积艮斋所在的见山塾（见山楼）学习，艮斋是在昌平簧教授儒学的官吏，也就是说，弥太郎跟着当时的顶级大师学习。

但是，就在准备埋头于学问之时，他遇到了人生第一个难题。他父亲弥次郎遭遇了一场横祸。有一天，喝得酩酊大醉的弥次郎本性不改，大骂村长，村里人非常生气，把醉得像烂泥一样的弥次郎打个半死。被抬回家后的弥次郎不肯作罢，把村长做得不对的地方告到了郡衙。然而，告状的弥次郎反而被以诬告罪抓进了牢房。

弥太郎因此站到了人生的十字路口。是对父亲的现状不管不问继续学习，还是想别的办法。弥太郎一直把家里人当作自己唯一的心灵寄托，于是中断了好不容易得到的在江户学习的机会，在江户只待了10个多月。由于怒火在心，他8天就走完了一般需要十二三天的东海道，然后从大阪坐船到阿波。盘缠用完之后，他就不停乞讨。从江户到家200多里的路程，他仅用16天就走完了，通常需要30多天。

好不容易回到家的他主张父亲无罪，但最后变成由他代替假释的父亲坐牢。这是因为，他在郡衙附近张贴了一张纸片，上面写着："水急则鱼不住，政治苛则人不就。"他还在郡衙的门柱上刻下了一行大字："无贿不成官，罪由喜恶判。"藩政府认为受到了侮辱，非常生气，于是抓捕了弥太郎。

如果是普通人，肯定会在愤愤不平、唉声叹气中度过牢房生活，但弥太郎不是一个普通人。据说，坐牢期间，他跟着一个樵夫学到了生意经。这个樵夫因为私下采伐及买卖藩内的专卖品——木材而被问罪。弥太郎当时正因为自己是地下浪人之子而苦闷。樵夫在牢里给他讲了算术和生意经，他的价值观因此发生了变化。他心想:"也许有钱能使鬼推磨。"

被家庭破败的境遇和苦难养大的弥太郎这时才萌发了明确的目的。1年后,他出狱了,但被剥夺了取姓和带刀的特权,受到了禁足于雁切川东4个村的处分,蛰居于鸭田村(现高知市)。弥太郎一边在寺小屋①当老师勉强度日,一边向身居土佐藩参政之要职的吉田东洋请教能够去江户求学的下一个出路以摆脱现状。他的精神特质是不论处于怎样的逆境之中都不放弃往上爬的决心。

屡屡碰壁的青年时代

深受弥太郎关注的吉田东洋是一位旷世伟人。他深受土佐藩主山内丰信(容堂)的信任,1841年26岁时被提拔为船奉行,然后逐步晋升为大目付、仕置役(参政),实际上是土佐藩的宰相。

1857年,东洋在一次酒席上对藩主族人的无礼行为

---

① 译者注:江户时代寺院所设的私塾,又称寺子屋。

深感愤怒，教训了那个人一顿。东洋因此而下台了一段时间，被取消家禄，不得不过着流放生活。然而，为了卷土重来，他开办了家塾"少林塾"。该私塾入学门槛高，秉承少数精英教育的方针实施英才教育，积极培养下一代的藩政管理人才。事实上，该私塾的学生不久就开始领导藩政，很多学生后来活跃在明治时代的政界。

弥太郎似乎预料到了东洋会东山再起，然而作为地下浪人的儿子，他没有渠道可以直接向东洋展示自己的才华。于是，他通过关系接近东洋妻子的外甥后藤象二郎。有一天，他代替象二郎草写了一篇文采斐然的经济评论文章。东洋读完这篇出色的文章之后赞不绝口，经过盘问象二郎，第一次知道了弥太郎的名字。对于弥太郎而言，东洋本来是高不可攀的大人物，如今把弥太郎的名字加到了门生名字的最后。弥太郎由此走上了一条宽敞的大路。

一旦找到了目标，就要百折不挠，这样才能达到预期的目的，总是把凶巴巴的表情挂在脸上的弥太郎非常顽强。东洋重返政坛，掌握了藩权，土佐藩突然开始高举富国强兵、殖产兴业的旗子以期实现突飞猛进的发展。东洋大力庇护有能力的部下，对他们和蔼可亲，非常爱护。他是一个具有强烈贵族意识的人，却大力提拔了被剥夺了地下浪人身份的弥太郎，为他恢复了旧身份，甚至提升到了乡士。

弥太郎对东洋感恩不尽，哪怕是捕快这种最基层的工作，他都拼命去干好。东洋于1862年4月遭到暗杀，当时弥太郎29岁。弥太郎赴京去寻找暗杀东洋的杀手，由于受到土佐勤王党武市半平太等暗杀东洋的主谋的阻拦被迫中途放弃计划回到了土佐。

求学受到挫折，因为东洋之死再次失去了前途的弥太郎想扔掉武士的身份带着刚娶进门的妻子喜势子去当一名商人。他扔掉双刀，手里拿着算盘开始做起了木材生意，但是由于没有周转资金，以失败告终。东洋被害的3年之前，弥太郎曾经受命去长崎出差，在调查物产市场时，他接触到了汽船及外国人，了解到在长崎这个自由的城市，身份制度已经开始崩溃，从事贸易的商人对武士不屑一顾，非常有势力。弥太郎心想："时势因利而动，我还是应该扔掉武士的身份。"他确定了自己的前进方向。在不到半年的时间里，他花了300多两的公款做接待费。这也许是因为弥太郎想努力讨好周围人，但他的做法还是有些超规。他也被这个金额吓了一跳，向藩政府进行了汇报，同时还四处筹钱来填这个窟窿。但是，这个窟窿可不是轻而易举就可以填上的，结果他被免职，乡士的身份也被取消了。因此，他开始做木材生意，但很快也失败了。

弥太郎认真反省自己哪里做得不好。经过分析，他发现自己没有周转资金是失败的根本原因，上策是找到有力的靠山，对弥太郎而言就是土佐藩。利用藩，就需要一个身份。于是，他从其他乡士家买来了特权，等待着时机到来。很多人不会"等"，躁动不安，浪费力气，不断失败，从而陷入瘫痪无力状态。

1866年，隐居乡下的弥太郎被本来与自己没有关系的"风云"重新推进了社会。东洋的继承人，将反对派土佐勤王党一扫而光的后藤象二郎官升参政，出于曾经的同门之谊向弥太郎伸出了援助之手。弥太郎于是得以进入土佐藩开设的藩直营官商开成馆工作。开成馆将土佐藩的专卖品纸、砂糖、鲣鱼干等销往大阪、长崎。赚到的钱作为货殖存起来当作军需金，用于购买军舰、大炮等武器。开成馆下面还设有开发地下资源的矿山局、捕捞鲸鱼的捕鲸部门、研究西医的部门、海军局等，可以说是一家综合商社。

弥太郎是货殖局的一个小官，身份很低，没有话语权，工作得不顺利。他自嘲："这些事就像把钵子里的食物捣碎给小鸟吃一样，怎么能够取得大的成就呢？"不久，他就辞职了。

善于学习懂得扬弃

不过，这次辞职是弥太郎擅长的战术，因为他辞职不久，开成馆就资金周转不灵了。为了解决这个问题，土佐藩大肆发行藩钞（仅在藩内通用的纸币），这又进一步导致了流通经济的崩坏。金额巨大的藩钞引发物价暴涨，土佐藩的经济状况因此一片混乱，老百姓甚至将开成馆蔑称为笨蛋馆。

祸不单行，派驻在长崎及大阪的土佐商馆也瘫痪了。长崎土佐商会与德国吉布尼斯商会签了一份合同，约定土佐以特产樟脑为抵押向对方借3万两，然后用那笔钱购买1000支恩菲尔德步枪。然而，对方把单价提高了30两，土佐藩支付不起，谈判陷入了僵局。土佐藩的经营触到了暗礁。

与死去的吉田东洋不同，象二郎缺乏理财的意识，也是出于明哲保身，他东奔西走，最后提出只有岩崎弥太郎能够解决这个烂摊子。于是，弥太郎再次受命去往长崎，不过，这一次他是全权委任的负责人。弥太郎晋升为"新留守居组"这一诞生于幕府紧张局势下的新官职，位于藩士之末。在身份等级森严的土佐藩，这次提拔可以说是惊天动地的动作，出身于地下浪人的弥太郎趁维新之乱而跻身做梦都想不到的藩士之列。在长崎逗留期间，弥太郎还知道了坂本龙马及土佐海援队，这些给后来的三菱带来了不可估量的好处。

坂本龙马是著名的幕末志士。与弥太郎的岩崎家相反，坂本家是新兴商人，坂本龙马的曾祖父弄到了乡士的特权，经营着才谷屋，从事典当和酿酒业务，是藩里屈指可数的豪商。为了学习西式炮术（不是剑术），龙马很早就去江户求学过，之后脱离土佐藩成了幕臣胜海舟的弟子，有幸了解了海外的情况及航海术。

当弥太郎还在摸着石头过河的时候，龙马已经在萨摩藩的资助下成立了名为龟山社中的海军及海运公司，以长崎为根据地建设海军，并为此推进海运业的发展。龙马和弥太郎（还有象二郎）本来应该是仇敌。龙马是土佐勤王党的人，是其首领武市半平太的朋友。武市就是暗杀吉田东洋的幕后指使人，龙马不想卷入暗杀于是脱离了土佐藩。曾经操纵藩政一时的武市因时局变化而死于狱中。杀死他的就是东洋的继承人后藤象二郎。因此，名列后藤之下的弥太郎与龙马可以说是宿敌。他们本来是不可能成一伙的，但是出于利害关系，他们互相后退了一步。周转资金出现困难的龟山社中以调解土佐藩与萨长同盟的矛盾为条件从土佐藩融资了10500两，经过重组，新成立了土佐海援队，弥太郎兼任海援队的会计。

（1867年）4月19日，阴。后藤（象二郎）参政曰：含才谷社中（土佐海援队）16人乞每人月金5日元（两），今日大洲身将发帆（出航），先给才谷（才谷梅太郎，龙马的别名）现金100日元。（《岩崎弥太郎日记》）

龟山社中时代，包括龙马在内，员工的月薪一律为3两，改组成土佐海援队之后，增加到了5两。龙马与弥太郎的关系似乎不错。喜欢喝酒的弥太郎在推杯换盏之中，逐渐开始对龙马崇拜不已。

午后，坂本良马（龙马）来，置酒从容谈心。兼而谈及余素心所在处，坂本抵掌称善。（同上书，1867年6月3日）

弥太郎放下了心中的芥蒂，想跟这位比自己小1岁的社中（公司）的前辈学习海运。"一个国家的近代化应与强大的海运业互为表里"，他从中学到了重商主义、海外知识以及未来蓝图。然而，龙马也没有想到这个蓝图不久就会因弥太郎而变得具体起来。

"3时左右，坂本良马来谈。……相伴上嘉满楼，置酒久之回。"（8月晦日）由此可见，弥太郎和龙马经常一起喝酒，关系越来越密切。"2时左右出帆。余（弥太郎）及一同送之，余不觉流涕数行。"与龙马短暂分别时，弥太郎流下了眼泪，这实在是出人意外。弥太郎应该从龙马身上受到了很大的感化，但他却从龙马制定的建设私立海军的海运计划中将海军这两个字抹掉了。

三菱的诞生

明治维新前夕，1867年11月15日，龙马遭到暗杀，享年33岁。那段时间，弥太郎在已经由长崎移交大阪主管的土佐商会独自默默地经营着海运。不久爆发了明治维新，1870年9月，大阪土佐商会名义上解散，成立了土佐开城社，弥太郎用"土佐屋善兵卫"的名字负责经营。这时，他是土佐藩权少参事（藩内第4号要职）。这令人无法想象的荣升及出人头地是他承担了土佐藩所有的负面遗产而获得的补偿。

同年10月，土佐开城社更名为九十九商会，菱形图标就是从这时开始使用的，现在依然是三菱的商标。据说该图标由岩崎家的家族标志三段菱和藩主山内家的三柏菱组合而成。幕末以来，弥太郎一直走的是与官为伍的路线，这个图标蕴含着他的想法。

他为了救济土佐藩而东奔西走，一边与后藤象二郎等藩阀官僚密切配合，一边经营着东京、大阪、神户之间的船舶运输事业，还以替土佐藩承担4万两外债为条件拥有了2艘汽船。

如果这次替藩还债失败了，就不会有后来的三菱了。他认真汲取自己失败的教训，通过"大树底下好乘凉"的方式克服了这个最大的困难。1872年，他把九十九商会更名为三川商会。趁着废藩置县引发的混乱，他拿到了很多政府转让的业务，进一步巩固了地盘。第二年3月，他打出了"三菱商会"的招牌，高调宣布独立。

为了在新政府中为刚成立的三菱找到能够取代土佐藩的保护伞，他找到了萨摩藩出身的大久保利通。大久保制定了由国家培育三菱的方针，弥太郎借助这份恩情将三菱发展成了一家称霸日本近海海运的公司。

1872年8月，由三井、长州藩人井上馨和与其要好的旧幕臣涩泽荣一等人创办的半官半民的日本邮便蒸汽船公司为了与三菱抗衡，打倒三菱，垄断日本海运业，向三菱发起了挑战。日本邮便蒸汽船公司因为得到了政府支持，资金雄厚，所以采取了降价的举措。很多中小海运公司因此纷纷没落，三菱（当时还是三川商会）则一边咬着牙关坚持，一边迎击。继日本邮便蒸汽船公司之后，太平洋邮船公司（美国）、彼阿汽船公司（英国）又掀起了价格战，弥太郎将公司名称改为三菱商社、三菱汽船公司，同时在价格战中大展雄风，击败了竞争对手，并成功吸引了对手的人才，购买了对手的船。

在1877年的西南战争中，甚至有人说："西南战役成否取决于三菱的向背。"由此可见三菱多么受社会重视。事实上，弥太郎的三菱船队提高了政府军官兵、军马、军需品的运输能力。这完胜西乡隆盛率领的萨摩军。1877年底，三菱已经拥有汽船61艘，吨位高达35464吨，占日本全国汽船总吨数的73%，一手掌控着日本海运业。

1885年2月7日，岩崎弥太郎去世，享年52岁。和他父亲一样，他也是一个无酒不欢的酒徒，所以一直身体不好。再加上与新出现的共同运输公司展开的那场对决，他最终积劳成疾、郁郁而终。

临终之前，弥太郎把夫人、长子久弥、弟弟弥之助叫到枕边说："我死之后，你们务必把弥之助当作我，为他做事。由弥之助代替我打理事业，尤其是我用过的人，我死之后务必像原来那样用他们。我的遗言就这些了。"过了一会儿，他再次叮嘱弥之助："我用过的人务必像原来那样用他们。"说完便闭上了眼睛。

岩崎弥之助

抓住世界潮流对三菱进行重组

于危难之际接班

作家山本周五郎的名著《枞树犹存》中有这样一段话:"人生就是一场战斗,或者把对方打趴下,或者被对方打趴下。相信自己!让自己更加强大!一旦受舆论蒙蔽相信别人,就已经是失败者了。打起精神来!"

读到这段话时,笔者脑海中想到了前面谈到的岩崎弥太郎。他就像土佐斗鸡、土佐犬一样顽强地走过了挫折、失意及逆境。面对左一个右一个的敌人或困难,他一直斗志昂扬,生命不息战斗不止,最后成了称霸日本的"海运大王"。

弥太郎还广泛涉足与矿山及海运相关的汇兑、海上保险、仓储等行业，实现了多元化经营，不断带领各项业务走向正轨。然而，三菱却在最危急紧要的关头失去了弥太郎这位统帅。

当时，三菱一直在与共同运输公司决一死战。这件事的导火线是弥太郎在政府内最大、最强的保护伞大久保利通于1878年5月14日遭暗杀身亡，享年49岁。大久保在政府的接班人有两个人选，分别是肥前佐贺藩的大隈重信和长州藩的伊藤博文。很多人都认为，从个人学识、对新政府的贡献、业绩等所有方面来说，大隈都比伊藤更胜一筹。弥太郎也这么认为，所以突然开始接近大隈重信。

刚开始的时候一切顺利，1878年的夏天，大隈、弥太郎和福泽谕吉一起创办了横滨正金银行。然而，受1881年政变的影响，同年10月12日大隈下台，弥太郎及三菱彻底失去了政府内的保护伞。而且，把大隈拉下台后，以伊藤博文为首的萨长两大藩阀把福泽和弥太郎视为眼中钉。

农商务省发布命令，将三菱的业务限定于海上运输，禁止其从事商品买卖业务。涩泽荣一和大仓喜八郎等人联手，三井也凑进来一起策划搞垮三菱，决定创办共同运输公司。政府如此露骨地打压一个私营企业实属罕见。

弥太郎一次性还清了尚未偿还的政府贷款，发布通知动员全体员工行动起来，心无旁骛地投入这场关乎三菱命运的与共同运输公司的竞争中。他绝不妥协，一方面致力于在激烈的竞争中通过谈判实现降价、提速（缩短运输时间）等，另一方面，大量购买了共同运输公司的股票。他还用同样的手段将长崎造船厂、兵库造船厂收归三菱所有。

然而，双方持续了大约三年的决斗后陷入了拉锯战，弥太郎在壮志未酬中结束了波澜起伏的一生。当时，其长子久弥只有21岁，而对手的背后有三井，甚至还有藩阀政府撑腰，21岁的毛头小子实在无法与其抗衡。于是，他把后事交给了35岁的弥之助。但是，弥之助并没有马上拿出自己的路线方针来改变方向，应该说是他还拿不出来。

与共同运输公司长达两年九个月的竞争导致双方客运、货运质量下降，发生了多起为了抢速度而引发的船只相碰事故。说句老实话，弥之助肯定想赶快退出这场没有结果的竞争。继续竞争下去的话，肯定是在资金实力上占上风的共同运输公司取胜。但是，如果弥之助就此鸣金收兵，三菱就会立即分崩离析，因为大部分员工都是为了缅怀老一辈领导岩崎弥太郎而战的。

三菱当时的政府主管部门是农商务省，农商务卿西乡从道说三菱是国贼，弥太郎拍着桌子说："好！政府如果这么逼三菱，那我们就把所有汽船都集中到远州滩烧掉，干脆把我们公司灭了。"弥之助的斗志更加促进了三菱的发展。老一辈领导人去世 11 天后，弥之助正式当上了三菱的总经理。就职典礼上，他告诉与会的员工们："我将继承亡兄遗志，一如既往地扩大海运业务。"员工们听后高声欢呼，重新燃起了斗志。

发言的人虽然威风凛凛，但其内心也许是忐忑不安的。经营者的责任之大几乎压垮了弥之助。

从打击中重新站起来的方法

竞争对手的背后有政府撑腰，而且三菱还有贷款，向政府贷了 63 万日元（相当于现在的 31.5 亿日元）用于采购汽船等。弥之助要承担的风险及由此产生的压力非常大，但是作为公司领导，他必须向员工表明自己的态度。弥之助一次性还清了贷款，并以与共同运输公司展开竞争为前提条件对包括总经理在内的公司高管实施了降薪 10%—30% 的措施。他一边积极应战，一边悄悄寻找解决对策及和解方法，向土佐藩出身的政府官员做工作，策划将两家公司合并。

唯一有利于弥之助的一点是，他是这场竞争的旁观者，真正的当事人是其兄弥太郎。弥太郎这位好胜心强的创业者也许已经在竞争中意识到了自己的失败在于对手过于强大，但是内心又觉得已经错过了和解的时机，所以无力摆脱现状，从沉重的打击中自拔。

果断承认失败之后也是如此。一旦受到了巨大打击或冲击，人都会仿佛心里出现了一个大窟窿一样怅然若失，不论演技多么高明，能量都会从那个大窟窿里泄漏出来。这种时候，重要的是必须先迅速离开战场包扎伤口，否则就会感情用事，失去冷静的判断力，而无法恢复能量。

如果按照弥太郎的方针继续斗下去，弥之助很快就会焦头烂额，三菱的伤口会越来越深，很可能就陷入典型的恶性循环，最后全线崩溃，走上自我毁灭之路。竞争久拖不决，即使拥有弥太郎那么非同凡响的斗志，如果在竞争中处于劣势，也会难以做出正确的判断。最重要的是，他一辈子都不承认"自己很弱小""自己并非十全十美""有些事情不论怎么竭尽全力也是做不到的"。也就是说，身陷困境时，不应该欺骗自己的本心。"有害的不是从心里一晃而过的虚伪，而是盘踞于内心的虚伪。"（哲学家弗朗西斯·培根《随笔录》）正因为弥之助是站在第三者的立场，所以他比弥太郎冷静。

这场对决并不是弥之助拉响的导火线。当时，其妻早苗的父亲，也就是弥之助的老上级后藤象二郎与西乡隆盛等人一起辞去了参议员，处于在野状态，但是他的话对留在政府内的土佐藩出身的官员依然管用。佐佐木高行、福冈孝弟、土方久元、田中光显等土佐藩出身的参议员也对弥之助为和平解决问题而开展的工作给予了支持。不过，弥之助的出色之处是绝不采用哀求政府的方式。弥之助在呈交给农商务卿西乡从道的报告中先光明磊落地谈到了其兄弥太郎以往的工作成绩，然后写了下面一段话。

当我们在励精图治时，共同运输公司成立，其船舶数量激增。因运输物产失去平衡，两家公司收不抵支，终于引发了双方的竞争，其损害日甚一日，其困难之极实在无以名状，日本的整个海运事业濒于土崩瓦解。若今不救济，任其发展，则外国船只必乘机闯入日本沿海，政府花费巨资保护多年的沿海航行权终将归于外国船只之手，这实在令人不胜悲伤慨叹。

弥之助断言："今日日本之海运若放任不管，终究只有灭亡一条路可走。"他指出和解，即两家合并有益于日本，并说："政府经过讨论决定将两家合并之后，哪怕三菱的旗号倒了，内外发生了名誉上实在难以忍受的事情，三菱也会服从国家大计及政府决定。不论我弥之助等人是否从事该事业，都会努力贯彻政府的宗旨，绝不执拗且出于私心地提出意见以致整个日本海运瓦解。"

这番话实在是光明磊落，其深明大义打动了政府。

1885年4月9日，政府命令共同运输公司的总经理伊藤隽吉、副总经理远武秀行卸任，转而将兵库县令森冈昌纯任命为农商务少辅，在身居官职的同时兼任共同运输公司总经理。

反攻的胜算在于未雨绸缪

解决了外围之后，外务大臣井上馨做出了让步。7月27日，他把共同运输公司的高管涩泽喜作（荣一的堂弟）、益田孝（三井物产公司创始人）等3人叫到官邸讨论两家公司合并事宜。这些高管们本来是彻底的对抗派，但经井上劝说之后，终于降下了打倒三菱的大旗。共同运输公司也许认为合并是己方的胜利。

同年8月15日，共同运输公司召开的股东大会乱成一团，但是两家都同意合并，成立新的日本邮船公司（现在的日本邮船股份有限公司）。总经理由共同运输公司的总经理森冈昌纯连任，三菱的管事庄田平五郎担任理事。庄田是毕业于庆应义塾大学的精英，1875年进入三菱工作。作为员工，他是接受过高等教育的"学者书生流"（岩崎弥太郎的评语）的第一号人物，其妻田鹤是弥太郎妹妹的长女，是三菱的核心人物。

这场合并中，最后是三菱败给了三井吗？答案是否定的。历史学家、评论家三路爱山说："政府成立了共同运输公司，试图把全国实业家的力量集中起来与三菱抗衡，从而引发了一场激烈的竞争，但三菱不屈不挠，一直战斗到最后一刻。最后政府内部出现了不同声音，消灭三菱的计划因此中途受到重挫。表面上两军交绥（敌我双方因疲劳而各自撤退），但实际上胜利属于三菱。这是日本现代史上最重大的一件事，是财权与政权的第一次交战。井上（馨）及涩泽（荣一）提出的财权与政权的分离至三菱公司成立才达到完结。"

当初说是对等合并，但总经理来自对方，所以看起来三菱似乎输了，但是1885年12月，三菱的古川泰二郎就任日本邮船公司总经理，然后由近藤廉平继任，高管也由三菱稳占大半江山。"哎呀！共同运输公司提供的600万日元注册资本现在都由三菱随便用。"弥之助一边后退，一边成了最后的胜利者。

不过，三菱的515名员工、1000余名船员及大多数船只都移交给了新公司,从前的"海运三菱"就像爬上了陆地的河童①一样失去了用武之地。当时,留在三菱的只有吉冈矿山及其附属铜矿(都在现在的冈山县高梁市)、千川水务公司(东京都水务局的前身之一)、高岛煤矿(后来的三菱高岛煤炭股份有限公司)、第一百九十国立银行(经过解散、兼并变为三菱银行之后,成为现在的三菱 UFJ 银行)、长崎造船厂(后来的三菱重工业长崎造船厂)。

这 5 家企业当时都被认为是"前途未卜的小微企业"。但是,弥之助却以它们为基础打造了三菱财阀,他当时 36 岁(弥太郎创立三菱时 38 岁)。

兴办了"三菱社②"的弥之助大胆推出了"陆地上的三菱"这个 180 度大转变的企业战略。他没有其兄弥太郎身上的那种铁腕及死皮赖脸的精神,但他具有其兄没有的渊博学识,去外国留过学,对新时代的合理经营

---

① 译者注:日本民间想象中的水中的妖怪,又用来比喻水性好、擅长游泳的人。

② 译者注:岩崎弥之助继承了经营大权之后将公司名称改为三菱社,后来根据 1893 年颁布施行的日本商法,三菱社改组为三菱合资会社,同时岩崎弥太郎的长子岩崎久弥就任第三代总经理。

有独到的见解。

因为其兄在幕府末期不顾一切地拼命工作，弥之助获得了进入藩校"致道馆"学习的资格，作为公费生，每天可以领到 6 合大米的补助。这是其兄没有得到过的。临近 20 岁的时候接受了明治维新洗礼的弥之助在其兄成立商会时来到了大阪，在其兄的资助下继续求学，并于 1872 年赴美国留学。父亲弥次郎去世后，弥之助回国在三菱帮助其兄打理一些业务，并于 1874 年 11 月完婚。弥之助跟着其兄学到了做生意的基本门道。

其间发生过这样一件事情。其岳父后藤象二郎告诉他要把负债累累的长崎高岛煤矿转让出去，他上了当，结果其兄像土佐犬一样扑上来，大声吼骂了他一顿："弥之助，你千万要注意，不要把象二郎吃的苦（失败）带到我们公司来，给我们添麻烦。……我不愿意受累、受苦、接过别人的烂摊子，最后把别人养成一个悠闲自在的大老爷。"

弥太郎的这番训斥在 1884 年 6 月政府租借长崎造船局，后来变为转让一事上得到了活用。弥之助在其兄身上学会了让国家接受对三菱有利的条件。

弥之助对三菱地产倾注的心血

在谈到著名企业家弥之助时,我们不能忘记的有三菱的地产业务。日本邮船公司成立时,三菱拥有该公司500万日元的股票,1887年4月其面值从50日元涨到88.8日元,弥之助趁机卖掉了1/3的股票,然后把从中获得的240万日元巨资用于土地投资。

他着重购买了东京、大阪、神户的繁华地段,其中就有后来变得闻名遐迩的东京丸之内。它本来是大名豪宅鳞次栉比的地段,明治初期一场大火将它烧为灰烬,后来又建了兵营、军队练兵场用于陆军训练。市区改造时,丸之内经过治理后变为繁华地段。营房等可搬物品的搬运费都算在了土地购买费之内,所以丸之内13.5万坪的估价高达150万日元。因此,招标时,没有人接标。于是,政府找到弥之助,希望他以每坪11.11日元的高价购买丸之内。当时三菱员工的起薪只有35日元。

别人都认为弥之助不会买,但是他一口答应了,决定由三菱全部买过来,这是1890年的事情。经济界人士都不赞成这个决定,有人问弥之助:"您买那么大一片杂草丛生的土地打算干什么呢?"他微笑着回答:"种竹子、养老虎。"当然,这是玩笑话。三菱的庄田平五郎当时外派在伦敦工作,弥之助的心里已经有了一个蓝图,那就是建设一个像伦敦那样的近代化城市。

后来被称为一丁伦敦、三菱村的丸之内商务区就是从这里起步的,1894年6月三菱一号馆落成,两年后三号馆完工,同时东京府厅舍①、东京商业会议所也陆续竣工,三菱馆也增加到了十三号馆。另外,弥之助还开拓了造纸、玻璃、保险、铁路等业务,在三菱的多元化经营方面取得了远超弥太郎的成功。后来,他立其兄的长子久弥为自己的继承人,立久弥为宗家,自己则退居分家。

准确地说,弥之助担任三菱总经理只有旧邮船三菱公司时代的8个月及复兴"三菱社"的8年时间,即到1893年12月,然后便将总经理之位让给了久弥。当时,久弥29岁,弥之助42岁。他这么快就交出了接力棒,

---

① 译者注:东京府为日本东京都的前身,存续期间为1868年—1943年。厅舍为政府大楼之意。

似乎是为了遵守弥太郎的遗嘱。弥太郎把后事托付给弥之助时说："希望你像辅佐了毛利辉元（战国武将毛利元就的嫡孙）的小早川隆景（元就的第三个儿子，辉元的叔叔）一样爱护久弥。"

弥之助在站出来重整三菱时，把久弥送到美国费城的宾夕法尼亚大学商学院留学（1886年5月）。回国之后，他就把久弥带在身边，手把手地教他。同时，他让三菱创业时的中流砥柱且一直身居要职的川田小一郎光荣退休（川田比弥之助年长15岁），后来川田于1889年9月就任第二代日本银行总裁。弥之助完成了自己的使命，堪称小早川隆景再世。

退任总经理之后，弥之助就任新设的"监务"一职，"参与公司工作大纲，监督业务"，即担任总经理的监护人。1889年6月日本颁布了帝国宪法，第二年7月举行了第一次参议院议员大选，11月召开了第一届帝国会议。同年9月29日，弥之助作为实业界的代表之一被敕选为贵族院议员。同时，作为实业界的代表，第一国立银行行长涩泽荣一、日本银行总裁川田小一郎、日本邮船公司总经理森冈昌纯、日本铁路公司总经理奈良原繁、日本银行原总裁富田铁之助等人相继获封男爵并被敕选为贵族院议员。

弥之助的守成与先见力

1896年11月，川田小一郎因病突然去世，弥之助在时任首相松方正义的恳请下继任日本银行总裁。

> 川田前总裁像日式船只的船老大，岩崎新总裁像汽船的船长。前者利用简单的器械，凭借老练的技术及经验豪迈地穿过惊涛骇浪的大洋，后者则使用气压表预测气压高低，带着航海图确定航行方向，还有指南针。以文明的思想搞经营的是岩崎总裁。(《岩崎弥之助传》)

弥之助担任日本银行总裁时，日本实施的是金本位制。为了规避全球银币变动产生的不利影响，他认真了解了世界潮流，他一鼓作气，改革了以往的银币兑换制度。后来之所以能够顺利募集到巨额外债也是因为实施了金本位制。但是，由于与大藏大臣松田正久意见不一，弥之助辞去了日本银行总裁一职。他推荐日本银行理事山本达雄接自己的班，山本出身于三菱，因此三代日本银行总裁均来自三菱。

弥之助一辈子都没有忘记那场使自己深受其苦的与共同运输公司的竞争。追根溯源的话，那是一场伊藤博文与大隈重信的较量，弥之助为了让两者握手言和做了大量工作。

1888年4月黑田内阁上台。黑田内阁中值得注意的地方是松方、后藤的入阁导致形成了隐然的三菱内阁。如果说明治初年以来的藩阀政府是三井内阁，那么就可以说1888年的黑田内阁是最早的三菱内阁。(《岩崎弥之助传》)

后藤象二郎为内阁通信大臣，松方正义为大藏大臣。社会上已经认为它是三菱内阁，可是弥之助还在策划让大隈重信重返内阁。1896年，正在组阁的伊藤博文再次邀请与弥之助关系密切的松方进入内阁，松方提出如果大隈不一起入阁，他也不入阁。作为元老的伊藤非常为难，其盟友井上馨等人则极力反对，最后伊藤放弃了组阁，因此而诞生的是松方和大隈的联合内阁，人们评论说这个松隈内阁就是三菱内阁。

就这样，大隈重信得以重返政坛，弥之助也实现了自己的夙愿。大隈在名为《忍耐克己》的回忆文中说："守成之力全基于弥之助忍耐不屈之精神。"他还说："（弥之助）从三菱陷于四面楚歌之时起一直奋斗不止，磨炼出的精神，尤其是自然而然培养出的克己忍耐之美德随着年龄增长而日益成熟，终于让我们看到了一个杰出的模范绅士。"

曾经的劲敌涩泽荣一说："我看到的岩崎男爵行事周密，意志坚强，处事公平，知人善任，还能让他人懂得自己的才能。他是一个非常有常识，能够理性行事的人。三菱的事业无疑得益于其兄弥太郎的宏伟规划，但其中也有弥之助男爵的功劳。如果没有他的查缺补漏与左辅右弼，或许就不会有三菱的成功。"

传记里还登载了一篇题为《弥之助的兵法》的文章，其中有一段话非常有趣，现抄录如下。

岩崎弥太郎是一代枭雄，他只知道胜利，不知道有的时候也需要服输。他或许知道这一点，但其性格使得他只能这么做。弥之助或许才能不及弥太郎，但他知道有的时候服输也是必不可少的。德川家康在小牧山打败了丰臣秀吉，如果他乘胜追击，或许会被打得落花流水。他认识到应该就此服输，所以提出讲和。织田信长被杀之后，毛利兄弟在是否应该与秀吉握手言和上意见不一，哥哥吉川元春好胜要强，认为干脆干掉他，而弟弟小早川隆景却认为应该就此服输，主张握手言和。弥之助身上就具有这种宝贵的品质。

1908年3月25日，岩崎弥之助因上颚骨癌与世长辞，享年58岁。这时，三菱已经成了日本有代表性的财阀，其地位不可撼动。东京站前三菱地产开发的火炬大厦预计将于2027年完工，该大厦高390米，建成后将成为日本第一。人们往往容易只关注其高度，其实自弥之助以来，当对毗邻区域重新开发时，被称为"丸之内房东"的三菱地产，就在设计上将所有大楼的地下连为一体。

丸之内一带下雨的时候地面上就见不到人影了。火炬大厦竣工之后,大手町与日本桥之间的地下将连为一体,三菱至今仍继承着弥之助的先见力。

图书在版编目（CIP）数据

胆识：日本财阀初创记 /（日）加来耕三 著；吕卫清 译. —北京：东方出版社，2024.10
ISBN 978-7-5207-3874-3

Ⅰ. ①胆… Ⅱ. ①加… ②吕… Ⅲ. ①企业管理—经验—日本—现代 Ⅳ. ①F279.313.3

中国国家版本馆 CIP 数据核字（2024）第 051956 号

SHIBUSAWA EIICHI TO MEIJI NO KIGYOKA TACHI NI MANABU
KIKITOPPARYOKU written by Kouzou Kaku.
Copyright © 2021 by Kouzou Kaku. All rights reserved.
Originally published in Japan by Nikkei Business Publications, Inc.
Simplified Chinese translation rights arranged with Nikkei Business Publications, Inc.
through Hanhe International (HK) Co., Ltd.

本书中文简体字版权由汉和国际（香港）有限公司代理
中文简体字版专有权属东方出版社
著作权合同登记号　图字：01-2023-3403 号

胆识：日本财阀初创记
（DANSHI: RIBEN CAIFA CHUCHUANG JI）

作　　者：	[日] 加来耕三
译　　者：	吕卫清
责任编辑：	钱慧春
出　　版：	东方出版社
发　　行：	人民东方出版传媒有限公司
地　　址：	北京市东城区朝阳门内大街 166 号
邮　　编：	100010
印　　刷：	优奇仕印刷河北有限公司
版　　次：	2024 年 10 月第 1 版
印　　次：	2024 年 10 月第 1 次印刷
开　　本：	787 毫米×1092 毫米　1/32
印　　张：	8.125
字　　数：	118 千字
书　　号：	ISBN 978-7-5207-3874-3
定　　价：	56.00 元

发行电话：(010) 85924663　85924644　85924641

版权所有，违者必究
如有印装质量问题，我社负责调换，请拨打电话：(010) 85924602　85924603